改訂版 はじめての

"한글"능력검정시험
ハングル
能力検定試験

4級

杉山明枝 Sugiyama Akie ● 著

アルク

CD使用上の注意

- 弊社制作の音声CDは、CDプレーヤーでの再生を保証する規格品です。
- パソコンでご使用になる場合、CD-ROMドライブとの相性により、ディスクを再生できない場合がございます。ご了承ください。
- パソコンでタイトル・トラック情報を表示させたい場合は、iTunesをご利用ください。iTunesでは、弊社がCDのタイトル・トラック情報を登録しているGracenote社のCDDB（データベース）からインターネットを介してトラック情報を取得することができます。
- CDとして正常に音声が再生できるディスクからパソコンやmp3プレーヤー等への取り込み時にトラブルが生じた際は、まず、そのアプリケーション（ソフト）、プレーヤーの製作元へご相談ください。

はじめに

　「韓流」という言葉が誕生して、短くない年月がたちました。私は現在、韓国語教師をしていますが、生徒の方々に韓国語学習を始めたきっかけを尋ねると、「韓国の俳優や歌に魅かれて」という答えが大半です。その言葉を象徴するかのように、私が韓国語学習を始めた20年前とは比べ物にならないほど、学習者数は急増し、それに伴い学習者の方々のニーズに合わせた韓国語教材の開発も求められています。

　本書は「ハングル」能力検定試験4級を受験する方を対象に作成された本です。日々、教室で学習者の方々と接していると、学習者の方々が誤りやすい部分、理解しにくいと感じている学習項目が浮き彫りになってきます。そうした部分をピックアップし、できるだけ分かりやすく、そして本書のタイトルにあるとおり「はじめて」受験される方も、再チャレンジされる方も活用できるように工夫しました。本書一冊で文法事項の解説から練習問題、模擬試験、そして必須単語に至るまで、「ハングル」能力検定試験4級合格に必要なすべてを網羅しています。

　本書を通して学習された皆さま全員が、自信を持って「ハングル」能力検定試験4級に臨み、見事合格されますことを切に願っております。

　最後に、本書の作成に当たり、アルク社の皆さまはじめ、多くの方々にご尽力いただきましたこと、この場を借りて厚くお礼申し上げます。

杉山明枝

改訂版 はじめてのハングル能力検定試験4級

目次

はじめに……………………………………………………………3
4級のレベルと合格ライン………………………………………5
本書の使い方………………………………………………………6

1章 合格のためのマスター事項……………………………7

発音………………………8 副詞………………………28
変格活用…………………12 接辞・依存名詞…………31
尊敬形……………………16 語尾………………………34
助詞………………………20 慣用句……………………36
否定形……………………23 あいさつ・あいづち表現…38
連体形……………………26 慣用表現…………………40

2章 出題パターン別練習問題……………………………45

筆記問題 聞取問題
① 発音……………………46 ① 穴埋め…………………106
② 語彙1…………………52 ② 絵を見て答える………112
③ 語彙2…………………58 ③ 応答文選択……………119
④ 語彙3…………………64 ④ 日本語訳選択…………124
⑤ 置き換え可能表現……68 ⑤ 対話聞き取り①………129
⑥ 用言の活用……………74 ⑥ 内容一致………………134
⑦ 助詞・語尾・慣用表現…80 ⑦ 対話聞き取り②………138
⑧ あいさつ・あいづち表現…86
⑨ 対話文完成……………90
⑩ 長文読解………………96
⑪ 対話文読解……………101

3章 「ハングル」能力検定試験4級 模擬問題……………141

筆記問題……………………………………………………………141
聞取問題……………………………………………………………151
筆記問題 正答一覧………………………………………………161
筆記問題 解答と解説……………………………………………162
聞取問題 正答一覧………………………………………………176
筆記問題 解答と解説……………………………………………177
模擬試験 マークシート…………………………………………189

別冊 単語集 (取り外し可能、『「ハングル」検定公式ガイド 合格トウミ【改訂版】』に準拠)

4級のレベルと合格ライン

4級のレベルと合格ラインは、以下の通りです。

● 初級後半の段階。60分授業を80回受講した程度。基礎的な韓国・朝鮮語を理解し、それらを用いて表現できる。

● 比較的使用頻度の高い約950語の単語や文型からなる文を理解することができる。

● 決まり文句を用いてさまざまな場面であいさつやあいづち・質問ができ、事実を伝え合うことができる。また、レストランでの注文や簡単な買い物をする際の依頼や簡単な誘いなどを行うことができる。

● 簡単な日記や手紙、メールなどの短い文を読み、何について述べられたものなのかをつかむことができる。

● 自分で辞書を引き、頻繁に用いられる単語の組み合わせ（連語）についても一定の知識を持ちあわせている。

● 100点満点〈筆記60点（60分）聞取40点（30分）〉で60点以上合格。

試験ではマークシートを使用します。

※以上のレベルと合格ラインは、2014年8月現在のものです。

本書の使い方

1章 合格のためのマスター事項
4級合格のために欠かせない文法上の重要事項を整理しました。今まで学んできたことを整理するときや、試験直前の要点確認にも活用してください。

2章 出題パターン別練習問題
検定問題の出題パターン別に、実践形式の練習問題を用意しました。数多くの問題を解きながら、検定試験合格のために必須な文法事項や語彙などを身につけることができます。筆記問題では本試験の過去問題にもチャレンジできるようになっていますので、力試しに役立ててください。聞取問題は、CDを聞きながら解いてください。問題を解き終わったら、「解答と解説」を読み、出題パターンごとの形式や注意点、どうしてこの正答が導かれるかについて確認しましょう。また、正答以外の選択肢についても理解を深めておくとよいでしょう。なお、赤シートを活用しながら、「解答と解説」を確認することができます。

3章 「ハングル」能力検定試験4級 模擬試験
◆筆記問題……模擬試験で、実際の試験形式に慣れておきましょう。時間配分の感覚を身につけるためにも、本番と同じように時間を計りながら問題に挑戦してみましょう。筆記試験は60分です。
◆聞取問題……CDに模擬試験の聞取問題が収録されています。本番と同じように時間を計りながら問題に挑戦してみましょう。聞取試験は30分です。

巻末 別冊単語集
取り外しできる単語集です。4級レベルの単語をまとめましたので、赤シートで訳を隠しながら単語を覚えましょう。チェックボックスも活用してください。

◎**本書で扱う正書法について**
「ハングル」能力検定試験では、南北いずれの正書法でも解答を認めています。本書では、内容統一のために、韓国語の正書法を採用しました。

◎**『「ハングル」検定公式ガイド 合格トウミ』について**
本書の内容は、ハングル能力検定協会より2011年2月に刊行された『「ハングル」検定公式ガイド 合格トウミ［改訂版］』に準拠しています。2022年2月に『合格トウミ［改訂版］―合格レベルと語彙リスト』（初級編、中級編、上級編）が刊行されていますので、最新情報はこちらと下記のウェブサイトをご確認ください。
ハングル能力検定協会ウェブサイト：http://www.hangul.or.jp/

1章 合格のためのマスター事項

発音……………………8
変格活用………………12
尊敬形…………………16
助詞……………………20
否定形…………………23
連体形…………………26
副詞……………………28
接辞・依存名詞………31
語尾……………………34
慣用句…………………36
あいさつ・あいづち表現……38
慣用表現………………40

合格のための
マスター事項

発 音

4級で新たに出題範囲に含まれる発音変化は、以下のとおりです。

1. 鼻音化
2. 単語間の連音化（リエゾン）
3. 激音化
4. 流音化（舌側音化）
5. 口蓋音化
6. 濃音化（2）*

　4級の試験では、これらに加えて5級レベルの発音変化、さらには準2級出題範囲の「ㄴ挿入」なども出題されます。たとえそれが4級レベルを上回る発音知識を必要とする単語でも『トウミ』の語彙リストに含まれるものは出題対象となるためです。「発音変化は苦手」という方も多いと思いますが、声に出して発音しながら整理をし、体系化していけば、次第に理解できるようになるはずです。まずは発音変化を学習する際に注意が必要なパッチムについて整理してみましょう。

*「ㄱ」「ㄷ」「ㅂ」の後ろに続く平音が濃音になる発音変化「濃音化（1）」は、5級の出題範囲になります。

パッチムの発音は7種類

　パッチムは27種類の子音で表記されますが、実際の発音は以下の7種類です。パッチムでは「ㅅ」や「ㅊ」で表記しても、実際の発音はどちらも [ㄷ]、つまり下の表では [t] 型に分類されます。
　また、パッチムが2つの子音からなる「二重パッチム」の場合には、どちらか一方を発音します。

実際の発音	パッチムの表記	例 [発音]
[k]型	ㄱ / ㅋ / ㄲ / ㄳ / ㄺ	밖[박], 닭[닥]
[t]型	ㄷ / ㅅ / ㅈ / ㅊ / ㅌ / ㅎ / ㅆ	몇[면], 못[몯]
[p]型	ㅂ / ㅍ / ㅄ / ㄼ / ㄿ	앞[압]
[ng]型	ㅇ	강[강], 빵[빵]
[n]型	ㄴ / ㄵ / ㄶ	앉[안], 많[만]
[m]型	ㅁ / ㄻ	밤[밤], 삶[삼]
[l]型	ㄹ / ㄹ / ㄻ / ㄽ / ㄾ / ㅀ	발[발]

※本書では上記の表をもとに、パッチムの発音解説においては [t] 型、[t] のように表記します。

1. 鼻音化

① [k] [t] [p] の音を持つパッチムの直後にㄴ/ㅁが続くと、[k] [t] [p] が鼻音化し、それぞれ「ㅇ」「ㄴ」「ㅁ」に変化する。　※「ㅇ」「ㄴ」「ㅁ」を鼻音という

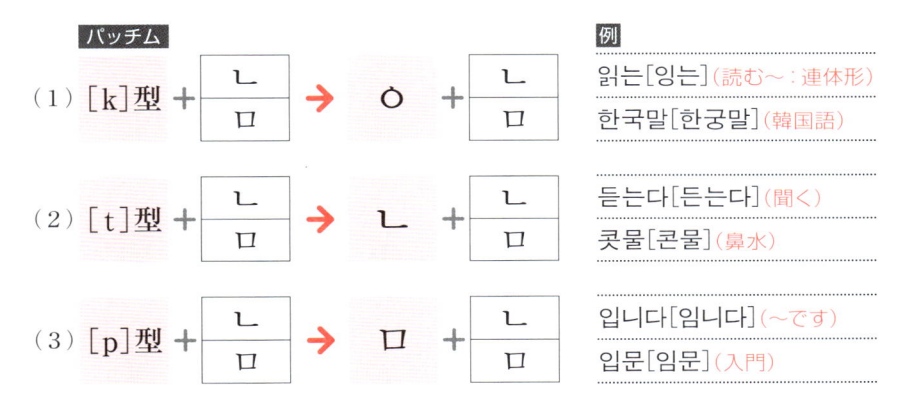

パッチム				例
(1) [k]型 + ㄴ/ㅁ → ㅇ + ㄴ/ㅁ				읽는[잉는](読む〜：連体形) 한국말[한궁말](韓国語)
(2) [t]型 + ㄴ/ㅁ → ㄴ + ㄴ/ㅁ				듣는다[든는다](聞く) 콧물[콘물](鼻水)
(3) [p]型 + ㄴ/ㅁ → ㅁ + ㄴ/ㅁ				입니다[임니다](〜です) 입문[임문](入門)

②**数詞における육（6）の鼻音化**（ㄴ挿入*＋鼻音化）

*ㄴ挿入は準2級の範囲ですが、この事項を理解する上で必要なためここで取り上げます。

> **ㄴ挿入とは…**
> 合成語や2つの単語が連結された場合、後続の単語が「이、야、얘、여、예、요、유」で始まるとき、それらの母音の前に「ㄴ」が挿入される現象。
> 부산역→ [부산 ＋ ㄴ ＋ 역] → [부산녁] (釜山駅)
> 일본요리→ [일본 ＋ ㄴ ＋ 요리] → [일본뇨리] (日本料理)

「십육（16）」は、「육」の前に「ㄴ」が挿入され「뉵」となり、さらに「십」と「뉵」の間で鼻音化が起こるため、最終的に [심뉵] と発音します (ㄴが挿入されてから鼻音化が起こるという仕組み)。
십육→ [십 ＋ ㄴ ＋ 육] → [십뉵] → [심뉵]

2. 単語間の連音化

連音化（リエゾン）とは、例えば「넓이 [널비] (広さ)」のように、パッチムの直後に続く母音を前のパッチムと一緒に発音する現象のことです。4級では「눈 앞에 [누나페] (目の前に)」のように単語間で起こる連音化も出題されますが、これについては『トウミ』の語彙リストに含まれるもの、また否定の「못」が結合する場合に限定されます。

①『トウミ』語彙リストに含まれるもの
  몇 월→［멷월］→［며둴］(何月)
  맛없다→［맏업다］→［마덥따］(おいしくない)

②**否定の「못」が結合する場合**
  못 옵니다→［몯옵니다］→［모돕니다］(来ることができません)

3. 激音化
初声「ㅎ」の前にくるパッチムの発音が、「ㅎ」の影響を受けて激音になる現象です。
  例 축하［추카］(祝賀)　　못하다［몯하다］→［모타다］(できない)
  많다［만타］(多い)

4. 流音化(舌側音化) ※流音(舌側音)とは「ㄹ」の音のことです。
①**パッチム［ㄴ］＋［ㄹ］　⇒　［ㄹ］＋［ㄹ］**
  例 관리［괄리］(管理)　　권리［궐리］(権利)

②**パッチム［ㄹ］＋［ㄴ］　⇒　［ㄹ］＋［ㄹ］**
  例 설날［설랄］(元日)　　불나다［불라다］(火事になる)

5. 口蓋音化 ※口蓋音とは舌と口蓋(口の中の天井部分)で調音される音
①**パッチム［ㄷ］＋이　⇒　［지］**
  例 굳이［구지］(あえて)

②**パッチム［ㅌ］＋이　⇒　［치］**
  例 같이［가치］(一緒に)　붙이다［부치다］(付ける)

6. 濃音化(2)
①**子音語幹の用言における濃音化**
先行する用言のパッチムが［m］型、［n］型で、「-다」、「-지」、「-고」などで始まる語尾が続く場合、それらが濃音化します。
  例 신다［신따］(靴を履く)　남고［남꼬］(残って)

②連体形 [-(으)ㄹ] 直後の平音の濃音化

未来を表す連体形 [-(으)ㄹ] に平音「ㄱ」、「ㄷ」、「ㅂ」、「ㅅ」、「ㅈ」が続く場合、それらが濃音化します。

例 먹을 것 [머글껃] (食べるもの)　　갈 데 [갈떼] (行くところ)
　 할 거예요 [할꺼예요] (するでしょう)

③여덟と열の直後の平音の濃音化

固有数詞「여덟 (8)」と「열 (10)」に平音「ㄱ」、「ㄷ」、「ㅂ」、「ㅅ」、「ㅈ」が続く場合、それらが濃音化します。

例 열 개 [열깨] (10個)　　여덟 번→ [여덜번] → [여덜뻔] (8回)

④語彙リストに含まれる漢字語や合成語における濃音化

漢字語や合成語における濃音化は3級の出題範囲ですが、4級の語彙リストに含まれるものに限り出題されます。

(1) 漢字語における濃音化
一つの漢字語において、パッチム「ㄹ」に「ㄷ」「ㅅ」「ㅈ」が続く場合、濃音化します。

例 결정→ [결쩡] (決定)　　발전→ [발쩐] (発展)
　 절대→ [절때] (絶対)　　출신→ [출씬] (出身)

(2) 漢字語における例外的な濃音化と合成語における濃音化
次のような漢字を使用した漢字語や合成語では濃音化が起こることがあります。
-점(点)、-가(価)、-자(字)、-중(中)、-건(件)、-권(権)、-법(法)、-과(科／課)、-성(性)、-증(証)、-적(的)

例 조건 [조껀] (条件)　　한자 [한짜] (漢字)　　외과 [외꽈] (外科)

(3) 合成語における濃音化
合成語を構成する後ろの単語において濃音化が起こります。

例 고춧가루 [고춘까루] (唐辛子粉)　　하룻밤 [하루빰] (ひと晩)
　 손수건 [손쑤건] (ハンカチ)　　다음 달[다음딸] (来月／翌月)

合格のための マスター事項

変格活用

　4級の出題範囲に含まれる用言の変格活用は、5級の出題範囲である하다語幹、ㄹ語幹、으語幹、ㅂ変格に加えて、①ㄷ変格、②ㅅ変格、③르変格です。4級筆記試験大問⑥では、辞書形（原形・基本形）を選ぶ問題が出題されます。活用した形から辞書形にたどり着けるよう、表を参考にして、それぞれの語尾に接続する際の形式に慣れましょう。声を出して読み上げながら学習するとより効果的です。

①ㄷ変格

語幹が「ㄷ」で終わる用言に「-으」で始まる語尾（-으系語尾）や「-아/어」で始まる語尾（-아/어系語尾）が続くと、「ㄷ」が「ㄹ」に変化します。

辞書形	-고	-ㅂ/습니다	-(으)면	-(으)세요	-아/어서	-아/어요	-았/었어요
듣다 (聞く)	듣고	듣습니다	들으면	들으세요	들어서	들어요	들었어요
묻다 (尋ねる)	묻고	묻습니다	물으면	물으세요	물어서	물어요	물었어요

【連体形】

辞書形	現在連体形	過去連体形	未来連体形
듣다	듣는	들은	들을

★ㄷ変格の単語（4級出題範囲内）
걷다 (歩く)、듣다 (聞く、効く)、묻다 (尋ねる、問う)、알아듣다 (理解する、聞き取る)

> **辞書形にたどり着くポイント**

ㄹパッチムの直後に「-아」「-어」「-으」などの母音が続いていたら、ㄹパッチム以降を除いて、「-ㄷ다」を付けてみましょう。
例 걸으면→거+ㄷ다→걷다　들었어요→드+ㄷ다→듣다

※**注意しましょう**
語幹末がㄹに変化したㄷ変格用言を、ㄹ語幹の用言と誤ってしまう場合があ

ります。例えば、「들으면」の辞書形は「들다」ではなく「듣다」です。もし辞書形が「들다」であれば、「들면」となります。「ㄹ」は見た目は子音語幹でも、実際には母音語幹として扱うため、면の前に으が入らないからです。(P15参照)

②ㅅ変格

語幹が「ㅅ」で終わる用言に「-으」で始まる語尾 (-으系語尾) や「-아/어」で始まる語尾 (-아/어系語尾) が続くと、「ㅅ」が脱落します。

辞書形	-고	-ㅂ/습니다	-(으)면	-(으)세요	-아/어서	-아/어요	-았/었어요
낫다 (治る)	낫고	낫습니다	나으면	나으세요	나아서	나아요	나았어요

【連体形】

辞書形	現在連体形	過去連体形	未来連体形
낫다	낫는	나은	나을

★ㅅ変格の単語 (4級出題範囲内)
낫다 (治る)、짓다 (家を作る、ご飯を炊く、名前を付ける)

辞書形にたどり着くポイント

「지어요」のように、「져요」とならずに母音同化で省略されるはずの母音がそのまま残っていたり、動詞の過去連体形で「난」とならず「나은」のように「-으」が挿入されていたら、これらの部分を除いて「-ㅅ다」を付けてみましょう。

例 지어요→지+ㅅ다→짓다　　나은→나+ㅅ다→낫다

※注意しましょう

ㅅ変格では、낫다+아요→나아요→나요のように母音同化が起こらず、낫다+아요→나아요のように母音が残っています。これは、「ㅅ」は脱落しますが、「見えないだけで影響は及ぼしている」と考えてください。つまり、実際には「낫아요」であるとイメージしてください。見えなくても「나」のパッチムとして「ㅅ」があるからこそ、母音同化が起こらないのです。

③르変格

語幹が「르」で終わる用言に「-아/어」で始まる語尾(-아/어系語尾)が続くと、「르」が「-ㄹ라」または「-ㄹ러」に変化します。「르」の直前の母音が陽母音(ㅏ、ㅗ、ㅑ)であれば「-ㄹ라」、陰母音(陽母音以外)であれば「-ㄹ러」となります。

辞書形	-고	-ㅂ/습니다	-(으)면	-(으)세요	-아/어서	-아/어요	-았/었어요
다르다 (異なる)	다르고	다릅니다	다르면	다르세요	달라서	달라요	달랐어요
부르다 (歌う)	부르고	부릅니다	부르면	부르세요	불러서	불러요	불렀어요

★르変格の単語(4級出題範囲内)
다르다 (異なる、違う、別だ)、모르다 (知らない)、부르다① (呼ぶ、歌う)、부르다② (おなかがいっぱいだ)、빠르다 (速い、早い)、오르다 (登る、上がる)、흐르다 (流れる、傾く、偏る)

> **辞書形にたどり着くポイント**

「-ㄹ라」や「-ㄹ러」の部分を見つけたら、それ以降の部分を除いて「-르다」を付けてみましょう。
例 몰라요→모+르다→모르다 (知らない)
　　불러서→부+르다→부르다 (呼ぶ、歌う)

④ㅂ変格

語幹が「ㅂ」で終わる用言に「-으」で始まる語尾(-으系語尾)が続くと「으」を付けずに「ㅂ」が脱落して「우」に、「-아/-어」で始まる語尾(-아/어系語尾)が続くと、「ㅂ」が脱落して「워」に変化します。
〈例外〉 뵙다:뵈+으系語尾、뵈+아/어系語尾／곱다・돕다:고와・도와+아/어系語尾

> **辞書形にたどり着くポイント**

「워」「와」「울」「운」「우」が語幹にきていたら、それ以降を除いて「-ㅂ다」を付けてみましょう。
例 아름다운→아름다+ㅂ다→아름답다 (美しい)
　　반가워요→반가+ㅂ다→반갑다 (懐かしい)

5級の範囲である用言の活用のうち「ㄹ語幹」「으語幹」についても確認してみましょう。

ㄹ語幹

① 語幹が「ㄹ」で終わる用言に「ㄴ」「ㅅ」「ㅂ」が続くと、「ㄹ」が脱落します。
② 「ㄹ」は母音語幹として扱います。

辞書形にたどり着くポイント

語幹が母音で終わり（パッチムがない）、子音の「ㄴ」「ㅅ」「ㅂ」が続いていたり、「ㄴ」「ㅅ」「ㅂ」「ㄹ」がパッチムになっていたら、それらの子音を除いて、「-ㄹ다」を付けてみましょう。

例 사세요→사+ㄹ다→살다（生きる、暮らす）
　　힘들（未来連体形）→힘드+ㄹ다→힘들다（大変だ）

※「ㄹ」を母音語幹として扱うということ

ㄹ語幹の用言において、「ㄹ」は「あってないもの、見えていても実際にはないもの」なのです。そのため、語尾を接続するときには、「ㄹ」がない形をイメージします。「알다」に「-(으)면」を付けると、「알으면」とはならず「알면」となり、また「-(으)ㄹ 거예요」を付けると「알을 거예요」とはならず「알 거예요」となるのはこのためです。

으語幹

語幹母音が「ㅡ」で終わる用言に「-아/-어」で始まる語尾（-아／어系語尾）が続くと、「ㅡ」が脱落します。「ㅡ」の直前の母音が陽母音（ㅏ, ㅗ, ㅑ）であれば「-아」、陰母音（陽母音以外）であれば「-어」が付きます。語幹が1文字、つまり「ㅡ」の直前の母音がない場合には、無条件に「어」が付きます。

辞書形にたどり着くポイント

語幹が母音で終わり（パッチムがない）、「-아/어」また「-았/었」が続いていたら、それ以降を除いて、「ㅡ다」を付けてみましょう。

例 예뻤어요→예ㅃ+ㅡ다→예쁘다（美しい）
　　떠요→ㄸ+ㅡ다→뜨다（目を開く）

尊敬形

合格のための
マスター事項

　韓国語学習の項目の中で、最も難しいものの一つが尊敬形です。尊敬形には日本語で「～なさる」「お～なる」に当たる「尊敬語」と、「～して差し上げる」の意味の「謙譲語」があります。また、「계시다（いらっしゃる：있다の尊敬語）」や、「말씀（お言葉、お話：말の尊敬・謙譲語）」のように、その単語自体が尊敬語や謙譲語であるものも存在します。

　尊敬表現を使う上で特に注意しなくてはいけないのは、尊敬表現を用いる「対象」です。日本語の敬語は「相対敬語」といい、話す相手が自分よりも年上か年下かという年齢の上下よりも、相手との関係性や親密さによって敬語を使うか否かが分かれます。そのため年上であっても、家族や親しい先輩等に対しては敬語を使わない場合もあり、また、相手が年下であっても、初対面やそれほど親しくない場合には敬語を使います。

　一方、韓国語は「絶対敬語」といい、相手が自分とどういう関係であれ、基本的には1歳でも年上であれば敬語を用い、両親や祖父母など、年上の身内について話すときも敬語です。また、自社の上司や社長について外部の人に話す際にも、敬語を用います。日本語では「うちの課長」「うちの社長」のように謙遜して表現しますが、韓国語では「저희 과장님（私どもの課長様）」、「저희 사장님（私どもの社長様）」と敬語を用います。

1. 尊敬形の作り方

用言の語幹に尊敬の語尾「-(으)시」を付ける

　パッチムがない母音語幹であれば「다」をとって「-시」を付け、パッチムがある子音語幹であれば「-시」の前に「-으」を入れます。

- 母音語幹（パッチムなし）：보다（見る）+시→보시다（ご覧になる）
- 子音語幹（パッチムあり）：닫다（閉める）+으시→닫으시다（お閉めになる）
- ㄹ語幹や変格活用の用言を尊敬形にする際には、それぞれに特有の活用をした上で「-(으)시」を付けます。

【ㄹ語幹】
살다 (住む)→사시다 (お住まいになる)　＊ㄹが脱落して＋시

【ㄷ変則】
듣다 (聞く)→들으시다 (お聞きになる)　＊ㄷ→ㄹに変化し＋으시

【ㅂ変則】
눕다 (横たわる)→누우시다 (横たわられる)　＊ㅂが脱落して우に変化し＋시

【ㅅ変則】
낫다 (治る、回復する)→나으시다 (回復される)　＊ㅅが脱落して＋으시

2. 謙譲形の作り方

用言語幹に「-(아/어)드리다」を付ける
　謙譲語とは「〜して差し上げる」、つまりその行為をする自分自身を低め、行為の対象となる相手を高める表現です。
例 사다 (買う)＋(아/어)드리다→사 드리다 (買って差し上げる)
　　바꾸다 (交換する)＋(아/어)드리다→바꿔 드리다 (交換して差し上げる)
　　설명하다 (説明する)＋(아/어)드리다→설명해 드리다 (説明して差し上げる)

3. 尊敬語・謙譲語(単語自体が尊敬語・謙譲語)

助詞
께 (〜に)：에게、한테の尊敬語
께서 (〜が)：이/가の尊敬語

接尾辞
-님 (〜様、〜さん、〜殿)：一部の名詞について尊敬を表す
例 부모님 (ご両親)　아버님 (お父様)　어머님 (お母様)　사장님 (社長〈様〉)
　 교수님 (教授〈様〉)

用言

尊敬語・謙譲語		意味
드리다	差し上げる	주다(あげる)の謙譲語
말씀하시다	おっしゃる	말하다(言う)の尊敬語
말씀드리다	お話しする、申し上げる	말하다(言う)の謙譲語
뵙다	お目にかかる	보다(見る、会う)の謙譲語
잡수시다	召し上がる、お年を召す	먹다(食べる)、마시다(飲む)の尊敬語
주무시다	お休みになる	자다(寝る)の尊敬語

体言

尊敬語・謙譲語		意味
말씀	お言葉、お話	말(言葉)の尊敬・謙譲語
성함	お名前	이름(名前)の尊敬語
연세	お年	나이(年齢)の尊敬語
저희	私たち、私ども	우리(私たち)の謙譲語

4級出題範囲の尊敬語尾を活用表にしてまとめました。学習の際の参考にしてください。

単語 \ 尊敬語尾	-(으)십니다 お/ご~なされ/られます お~です	-(으)십시오 お/ご~なさってください ~てください	-(으)세요 お/ご~なさってください ~てください ~ていらっしゃる	-(으)셨어요 お/ご~になりました れ/られました お~でした
보다(見る)	보십니다	보십시오	보세요	보셨어요
닦다(磨く)	닦으십니다	닦으십시오	닦으세요	닦으셨어요
젊다(若い)	젊으십니다	—	젊으세요	젊으셨어요
시작하다 (始める)	시작하십니다	시작하십시오	시작하세요	시작하셨어요
살다(住む) 【ㄹ語幹】	사십니다	사십시오	사세요	사셨어요
듣다(聞く) 【ㄷ変格】	들으십니다	들으십시오	들으세요	들으셨어요
닫다(閉める)	닫으십니다	닫으십시오	닫으세요	닫으셨어요
잡다(つかむ)	잡으십니다	잡으십시오	잡으세요	잡으셨어요
눕다 (横たわる) 【ㅂ変格】	누우십니다	누우십시오	누우세요	누우셨어요
씻다(洗う)	씻으십니다	씻으십시오	씻으세요	씻으셨어요
낫다(治る) 【ㅅ変格】	나으십니다	나으십시오	나으세요	나으셨어요
끄다(消す) 【으語幹】	끄십니다	끄십시오	끄세요	끄셨어요
바쁘다 (忙しい) 【으語幹】	바쁘십니다	—	바쁘세요	바쁘셨어요
이다 (~だ、である) 指定詞	이십니다	—	이세요	이셨어요
(이/가) 아니다 (~ではない) 指定詞	아니십니다	—	아니세요	아니셨어요
있다(ある) 存在詞	있으십니다	—	있으세요	있으셨어요
없다(ない) 存在詞	없으십니다	—	없으세요	없으셨어요

助 詞

合格のための
マスター事項

　日本語の「てにをは」に当たる助詞は韓国語にも存在します。しかし縮約形（너를→널〈君を〉、이것은→이건〈これは〉）や、助詞の前にくる名詞の種類（物・人・動物）による使い分け、話し言葉と書き言葉の違い、尊敬表現など、韓国語の助詞は日本語のそれに比べ複雑な一面を持っています。4級レベルではこうした細かい点まで問われるため、一つ一つの助詞の意味や用法をきちんと理解しましょう。

	4級必須「助詞」	訳
1	-(이)라(서)	～なので、～だから
2	-(이)라도	～でも、～さえも
3	-께	（人）～に【尊敬】
	-께서	（人）～が【尊敬】
4	-ㄴ	-은/는（～は）の縮約形
	-ㄹ	-을/를（～を）の縮約形
5	-들	～たち
6	-밖에	［否定表現とともに］～しか（～ない）
7	-에	①～で、～に【道具・手段】　②～で、～に、～当たり【単位】
8	-에게	（人・動物）～から、～に【書き言葉的】
	-한테	（人・動物）～から、～に【話し言葉的】
	-에게서	（人・動物）～から、～に【書き言葉的】
	-한테서	（人・動物）～から、～に【話し言葉的】
9	-이/가	（-이/가 되다の形で）～になる、～となる
10	-처럼	～のように

1. **-(이)라 (서)**：「～なので」「～だから」 原因・理由を表す
   여름이라서 더울 것입니다. (夏なので暑いでしょう)

2. **-(이)라도**：「～でも」「～さえも」 譲歩を表す
   그런 일은 누구라도 할 수 있어요. (そんなことは誰でもできます)

3. 尊敬の助詞
   ① **-께**：「～に」 -에게の尊敬語
   이것은 선생님께 드리는 선물입니다. (これは先生に差し上げる贈り物です)
   ② **-께서**：「～が」 -이/가の尊敬語
   저희 어머니께서 이렇게 말씀하셨어요. (私の母がこのようにおっしゃいました)

4. 縮約形
   ① **-ㄴ**：「～は」 -은/는の縮約形
   나는 (私は)→난、이것은 (これは)→이건、여기에는 (ここには)→여기엔
   ② **-ㄹ**：「～を」 -을/를の縮約形
   그것을 (それを)→그걸、무엇을 (何を)→무얼/뭘

5. **-들**：「～たち」 複数を表す
   저희들 (私たち)、지난 날들 (過ぎた日々)

6. **-밖에**：「～しか (～ない)」 否定を表す「없다」「모르다」「안」等とともに用いるが「아니다」とは使わない。
   내 지갑에는 1,000원밖에 없어요. (私の財布には1,000ウォンしかありません)
   나에겐 당신밖에 없어요. (私にはあなたしかいません)

7. **-에**：①【道具・手段】「～で」「～に」
   이 의자에 앉으세요. (この椅子にかけてください)
   ②【単位】「～で」「～に」「～当たり」 物を数えるとき、単位や計算の基準で使う。
   이 사과는 네 개에 얼마예요? (このリンゴは4個でいくらですか?)
   ※-에の対象は「物」。「人・動物」に対しては-에게を使う。

8. 書き言葉と話し言葉で区別する助詞
   ① 「〜から」「〜に」【人・動物に対して】
      i. 에게 （書き言葉）
         친구에게 전화했어요. (友達に電話しました)
      ii. 한테 （話し言葉）
         누가 고양이한테 생선을 주었어요? (誰が猫に魚をあげたんですか?)
   ② 「〜から」「〜に」【人・動物に対して】
      i. 에게서 （書き言葉）
         남자 친구에게서 생일 선물을 받았어요.
         (彼氏から誕生日プレゼントをもらいました)
      ii. 한테서 （話し言葉）
         미국에 있는 친구한테서 편지가 왔어요.
         (アメリカにいる友達から手紙がきました)

9. -이/가 ：「-이/가 되다」の形で「〜になる」「〜となる」
   우리 아들은 고등학생이 됐어요. (うちの息子は高校生になりました)
   ※日本語の「〜になる」の発想から「-에 되다」にはならないので注意しましょう。

10. -처럼 ：「〜のように」 様子や動作が同じ、または似ていることを表す。
    같이に置き換え可能。
    드라마에 나오는 사람처럼 살고 싶어요. (ドラマに出てくる人のように生きたい)

    参考 처럼が否定文で使われたときには2通りの解釈ができる。
         형은 누나처럼 친절하지 않아요. (兄は姉のように親切ではありません)
         ①兄は姉と同様に親切ではない(兄も姉も親切ではない)。
         ②兄は姉ほど親切ではない(兄は姉よりも親切ではない)。

合格のための マスター事項

否定形

　「〜しない」「〜でない」に当たる否定形は、用言（動詞、形容詞など）か体言（名詞など）かで、その形式が異なります。また、同じ否定形でも、それぞれの意味、ニュアンスや用法の違いによって表現法が変わります。特に注意しなくてはいけないのは、「하다動詞」の中で、「생각하다：생각＋하다」「공부하다：공부＋하다」のように「名詞＋하다に分離できるもの」と、「좋아하다」「정하다」のように「하다とその前の名詞が分離できないもの」、また、「중요하다」「따뜻하다」のような「하다形容詞」です。それぞれの否定形の意味と用法を確認しながら整理しましょう。

1. 用言の否定形

① -지 않다 ：「〜ない」「〜(く)ない」

　用言の語幹（辞書形から다を取った形）に付き、その語を否定します。動詞に付くと、自らの意志で、ある行動を「〜しない」という意味の否定形になり、形容詞に付くと、「〜くない」のようにその形容詞が表す状態を否定します。

	現在形	過去形
가다 (行く)	가지 않다/않습니다/않아요 (行かない/行きません)	가지 않았다/않았습니다/않았어요 (行かなかった/行きませんでした)
받다 (受け取る)	받지 않다/않습니다/않아요 (受け取らない/受け取りません)	받지 않았다/않았습니다/않았어요 (受け取らなかった/受け取りませんでした)
좋다 (良い)	좋지 않다/않습니다/않아요 (良くない/良くないです)	좋지 않았다/않았습니다/않았어요 (良くなかった/良くなかったです)
생각하다 (思う)	생각하지 않다/않습니다/않아요 (思わない/思いません)	생각하지 않았다/않았습니다/않았어요 (思わなかった/思いませんでした)

② 안 ：「〜ない」「〜(く)ない」

　否定する用言の前に「안」を付け、その語を否定します。比較的短い単語の前や話し言葉でよく使われます。「하다動詞」の中で、「생각하다(思う)：생각＋하다」のように、「名詞＋하다に分離できるもの」は、「생각 안 하다」のように「안」を「하다」の前に入れます。하다動詞でも、「좋아하다(好む)」「정

하다 (決める)」「통하다 (通じる)」のように「하다とその前の名詞が分離できないもの」や、「중요하다 (重要だ)」「따뜻하다 (暖かい)」のような「하다形容詞」は、「안」をいちばん前に付けます。

	現在形	過去形
오다 (来る)	안 오다/옵니다/와요 (来ない/来ません)	안 왔다/왔습니다/왔어요 (来なかった/来ませんでした)
놀다 (遊ぶ)	안 놀다/놉니다/놀아요 (遊ばない/遊びません)	안 놀았다/놀았습니다/놀았어요 (遊ばなかった/遊びませんでした)
아프다 (痛い)	안 아프다/아픕니다/아파요 (痛くない/痛くないです)	안 아팠다/아팠습니다/아팠어요 (痛くなかった/痛くなかったです)
좋아하다 (好む)	안 좋아하다/좋아합니다/좋아해요 (好まない/好みません)	안 좋아했다/좋아했습니다/좋아했어요 (好まなかった/好みませんでした)
계획하다 (計画する)	계획 안 하다/합니다/해요 (計画しない/計画しません)	계획 안 했다/했습니다/했어요 (計画しなかった/計画しませんでした)

③ 못 : 「～できない」

否定する用言の前に「못」を付け、その語に「～できない」と不可能の意味を加えます。動詞に付いて、自分の意志に関わらず「やむなくできない」、また「能力がなくてできない」という意味になります。形容詞には付きません。「안」と同様、比較的短い単語の前に付いたり、話し言葉で使われる傾向があります。また、「하다動詞」の中で、「名詞+하다に分離できるもの」は、「생각 못 하다」のように「못」を「하다」の前に入れます。「하다とその前の名詞が分離できないもの」は、「못」をいちばん前に付けます。

	現在形	過去形
쓰다 (書く)	못 쓰다/씁니다/써요 (書けない/書けません)	못 썼다/썼습니다/썼어요 (書けなかった/書けませんでした)
들다 (持つ)	못 들다/듭니다/들어요 (持てない/持てません)	못 들었다/들었습니다/들었어요 (持てなかった/持てませんでした)
정하다 (決める)	못 정하다/정합니다/정해요 (決められない/決められません)	못 정했다/정했습니다/정했어요 (決められなかった/決められませんでした)
요리하다 (料理する)	요리 못 하다/합니다/해요 (料理できない/料理できません)	요리 못 했다/했습니다/했어요 (料理できなかった/料理できませんでした)

④ **-지 못하다 :「～できない」**

用言の語幹（辞書形から다を取った形）に付き、その語に不可能の意味を加えます。「못」と同様、動詞に付いて自分の意志に関わらず「やむなくできない」、また「能力がなくてできない」という意味になります。形容詞に付くと、「その状態に達しえない」「至らない」という意味を持ちます。

	現在形	過去形
지키다 （守る）	지키지 못하다/못합니다/못해요 （守れない/守れません）	지키지 못했다/못했습니다/못했어요 （守れなかった/守れませんでした）
짓다 （作る）	짓지 못하다/못합니다/못해요 （作れない/作れません）	짓지 못했다/못했습니다/못했어요 （作れなかった/作れませんでした）
싫어하다 （嫌う）	싫어하지 못하다/못합니다/못해요 （嫌えない/嫌えません）	싫어하지 못했다/못했습니다/못했어요 （嫌えなかった/嫌えなかったです）
강하다 （強い）	강하지 못하다/못합니다/못해요 （強くなれない/強くなれません）	강하지 못했다/못했습니다/못했어요 （強くなれなかった/強くなれませんでした）

2. 体言の否定形

-이/가 아니다 :「～ではない」

体言が子音で終わる（パッチムがある）ものには「-이 아니다」、母音で終わる（パッチムがない）ものには「-가 아니다」が付き、その語を否定します。

	現在形	過去形
주부 （主婦）	주부가 아니다/아닙니다/아니에요 （主婦ではない/主婦ではありません）	주부가 아니었다/아니었습니다/아니었어요 （主婦ではなかった/主婦ではありませんでした）
회사원 （会社員）	회사원이 아니다/아닙니다/아니에요 （会員ではない/会員ではありません）	회사원이 아니었다/아니었습니다/아니었어요 （会員ではなかった/会員ではありませんでした）
이것 （これ）	이것이 아니다/아닙니다/아니에요 （これではない/これではありません）	이것이 아니었다/아니었습니다/아니었어요 （これではなかった/これではありませんでした）

連体形

合格のための マスター事項

　連体形とは、「食べるもの」、「美しい人」のように用言（動詞、形容詞、指定詞、存在詞）が、後ろにくる体言（名詞など）を修飾する形を言います。韓国語の連体形は、用言の種類や現在・過去・未来の時制によって異なります。特に注意しなくてはいけないのは、動詞の過去連体形と形容詞の現在連体形が同じ形である点です。両者を混同しないようにしましょう。またㄹ語幹の用言活用にも注意が必要です。動詞の現在連体形「-는」や、動詞の過去連体形でありかつ形容詞の現在連体形でもある「-ㄴ/은」に接続させる際には、「ㄹ」を落とすことを忘れないようにしましょう。

用言＼時制		現在連体形	過去連体形	未来連体形
動詞		-는	-ㄴ/은	-ㄹ/을
			-아/어쎴던※	
形容詞		-ㄴ/은	-아/어쎴던	-ㄹ/을
指定詞	体言+이다（〜だ、である）	-인	-이었던	-일
	体言+이/가 아니다（〜でない）	아닌	아니었던	아닐
存在詞	있다（ある）	있는	있었던※	있을
	없다（ない）	없는	없었던※	없을

※動詞・存在詞の過去連体形を作る「-던」「-아/어쎴던」は3級の出題範囲ですが、重要事項のため、ここでは参考に「-아/어쎴던」の形のみを記載しました。また、形容詞・指定詞の過去連体形を作る「-던」も3級の出題範囲です。

動詞の連体形

	基本形	現在連体形	過去連体形		未来連体形
母音語幹	사다	사는 것	산 것	샀던 것	살 것
	買う	買うもの	買ったもの		買う（であろう）もの
子音語幹	받다	받는 것	받은 것	받았던 것	받을 것
	もらう	もらうもの	もらったもの		もらう（であろう）もの
ㄹ語幹	팔다	파는 것	판 것	팔았던 것	팔 것
	売る	売るもの	売ったもの		売る（であろう）もの

形容詞の連体形

	基本形	現在連体形	過去連体形	未来連体形
母音語幹	예쁘다	예쁜 사람	예뻤던 사람	예쁠 것이다
	美しい	美しい人	美しかった人	美しいだろう
子音語幹	짧다	짧은 시간	짧았던 시간	짧을 것이다
	短い	短い時間	短かった時間	短いだろう
ㄹ語幹	길다	긴 시간	길었던 시간	길 것이다
	長い	長い時間	長かった時間	長いだろう

指定詞の連体形

	現在連体形	過去連体形	未来連体形
이다	교사인 어머니	교사이었던 어머니	교사일 것이다
〜だ	教師である母	教師であった母	教師であろう
이/가 아니다	대학생이 아닌 동생	대학생이 아니었던 동생	대학생이 아닐 것이다
〜でない	大学生ではない弟(妹)	大学生ではなかった弟(妹)	大学生ではないだろう

存在詞の連体形

	現在連体形	過去連体形	未来連体形
있다	있는 것	있었던 것	있을 것
ある	あるもの	あったもの	ある(であろう)もの
없다	없는 것	없었던 것	없을 것
ない	ないもの	なかったもの	ない(であろう)もの

副詞

副詞とは、「ゆっくり歩く」「とてもよい」「すごく一生懸命勉強する」などのように、動詞や形容詞、そしてそのほかの副詞を修飾する働きをします。筆記問題、聞き取り問題、ともに頻出の項目です。韓国語の副詞は、一つの単語にさまざまな意味が含まれ、さらにその使い方も多様です。そのため、副詞の意味を日本語訳だけでとらえようとすると、正しく理解することができず、意味を誤解してしまうこともあります。4級レベルでは一つ一つの副詞の意味や用法等、細かい点まで問われるので、それらの意味と使い方を、必ず例文とともに整理しながら理解するように心がけましょう。

	4級必須「副詞」		例文
□	가끔	たまに、時たま、時々	가끔 술을 마십니다. 時々お酒を飲みます。
□	가장	最も	오늘이 가장 추워요. 今日が最も寒いです。
□	갑자기	突然、急に	갑자기 비가 왔어요. 突然雨が降りました。
□	거의	ほとんど	주말에는 거의 집에 없습니다. 週末にはほとんど家にいません。
□	겨우	やっと、ようやく	대학교를 겨우 졸업했습니다. 大学をようやく卒業しました。
□	그냥	そのまま、ただ	그냥 잠만 자고 있었다. ただ、寝てばかりいた。
□	그대로	そのまま	저의 말을 그대로 믿으세요. 私の言葉をそのまま信じてください。
□	그렇게	そのように、 それほど、非常に	그렇게 좋아요? それほど良いですか？
□	꼭	必ず、きっと	내일은 꼭 오십시오. 明日は必ず来てください。
□	늘	常に、いつも	아침에는 늘 뉴스를 봅니다. 朝にはいつもニュースを見ます。

	4級必須「副詞」		例文
☐	매우	非常に、とても	그녀는 매우 예뻐요. 彼女はとても美しいです。
☐	무척	とても、非常に	오늘은 무척 즐거웠어요. 今日はとても楽しかったです。
☐	반드시	必ず、きっと	그는 반드시 성공할 거예요. 彼は必ず成功するでしょう。
☐	벌써	すでに、もう	벌써 10년이 지났어요. もう10年が過ぎました。
☐	아까	さっき	아까 전화했어요. さっき電話しました。
☐	아마(도)	おそらく、たぶん	아마 내일쯤에 도착할 것입니다. おそらく明日くらいに到着するだろう。
☐	아직	①まだ、いまだに ②なお、やはり	친구가 아직 안 왔어요. 友達がまだ来ていません。
☐	아직도	いまだに、今なお	아직도 그때가 기억 속에 남아 있습니다. まだあの時が記憶の中に残っています。
☐	어서	はやく、どうぞ、さあ	어서 드십시오. どうぞ召し上がってください。
☐	얼마나	どれぐらい、どんなに、いくらぐらい	명동까지 지하철로 얼마나 걸려요? 明洞まで地下鉄でどれくらいかかりますか?
☐	역시	やはり、やっぱり	역시 당신이 나의 마음을 잘 알고 있어요. やはりあなたが私の気持ちをよく分かっています。
☐	열심히	熱心に、一生懸命に	요즘 영어를 열심히 공부해요. 最近英語を熱心に勉強しています。
☐	이제	①今 ②もうすぐ ③もう、すでに	이제 다 끝났어요? もう全部終わりましたか?
☐	일찍	早く	오늘은 수업이 일찍 끝났어요. 今日は授業が早く終わりました。
☐	자꾸	しきりに、何度も	아이들이 자꾸 울어요. 子供たちがしきりに泣きます。
☐	자주	しょっちゅう、しばしば	제가 자주 가는 가게예요. 私がよく行く店です。
☐	잘못	誤って、間違って	글씨를 잘못 읽었어요. 字を読み間違えました。

	4級必須「副詞」		例文
☐	잠깐	①しばらくの間 ②しばらく	잠깐 기다려 주십시오. 少々お待ちください。
☐	잠시	①しばらくの間 ②しばらく	잠시 후 그녀가 나타났어요. しばらくしてから、彼女が現れました。
☐	전혀	（否定表現とともに） 全く、全然、一つも、 少しも	그것은 전혀 모르는 일입니다. それは全く知らないことです。
☐	절대(로)	絶対（に）	숙제는 절대로 해야 합니다. 宿題は絶対にやらなくてはいけません。
☐	좀더	もう少し、 もうちょっと	좀더 생각해 보세요. もう少し考えてみてください。
☐	참	①本当に ②誠に、 実に、とても	이 영화는 참 재미있었어요. この映画は本当に面白かったです。
☐	함께	①一緒に、共に ②同時に	내일 함께 식사를 합시다. 明日一緒に食事をしましょう。
☐	혹시	万一、もしも、 ひょっとして	혹시 이 선생님이 아니세요? ひょっとして李先生ではありませんか？

合格のためのマスター事項　接辞・依存名詞

　接辞とは、「-적（的）」「미（未）-」などのように、語の前後に付いてその意味を付け加えたり、変化させることで派生語を作る働きをするものです。また依存名詞とは、「-뿐（～だけ）」「-데（～ところ）」などのように、単独では意味をなさず、ほかの言葉と一緒に使うことで初めて意味を持つようになる名詞です。5級に比べ出題される接辞・依存名詞の種類が豊富になります。特に注意しなくてはならないのは、「한 달（ひと月）」や「삼십 세（30歳）」のように数詞に接続するものです。固有数詞に付くものと漢数詞に付くものが区別されているため、混乱しやすい部分です。「맥주 한 잔（ビール1杯）」「불고기 삼 인분（焼肉3人分）」などのように、前に名詞を付けると効率的に覚えられ、かつ忘れにくいので、実際に声に出して覚えるようにしてみましょう。

※ 固：固有数詞に付くもの　漢：漢数詞に付くもの
※ 声に出し読み上げて覚える際、固有数詞・漢数詞の区別が分かりやすいように、一般的には数字で表記する漢数詞の部分もハングルで表記しました。
＊3は3級出題範囲の単語および日本語訳

	4級必須「接辞・依存名詞」		例
☐	-가	…家	소설가 小説家
☐	-관	…館	도서관 図書館
☐	그램 漢	～グラム（g）	돼지고기 삼백 그램 豚肉300グラム
☐	-급 漢	…級	한글검정 사 급 ハングル検定4級
☐	-기	…機	전화기 電話機
☐	-기	…器	충전기＊3 充電器
☐	-기	…期	청년기＊3 青年期
☐	날 固	～日	서른 날 30日
☐	내 漢	～内、～中、～以内	이 주일 내 2週間以内

31

	4級必須「接辞・依存名詞」		例
☐	-님	…様、…さん、…殿	부장님 部長
☐	대-	大…	대사전 大辞典
☐	데	①〜所、〜場所、〜部分 ②〜場合、〜際、〜とき ③(-는 데の形で)〜するのに(は)	표 파는 데 チケット売り場 생활하는 데 필요한 것 生活するのに必要なもの
☐	도 漢	〜度(温度、角度、緯度、音程、硬度など)	이십 도 20度
☐	등 漢	〜等(順位、等級など)	일 등 一等
☐	등	〜など	연필 등 鉛筆など
☐	-말	…末	월말 月末
☐	미-	未…	미발표 未発表
☐	벌 固	〜着(衣服など)	양복 두 벌 スーツ2着
☐	-비	…費	생활비 生活費
☐	뿐	〜だけ、〜のみ、〜ばかり、〜まで	그것뿐 それだけ
☐	-사	…社	신문사 新聞社
☐	-생	…生	대학생 大学生
☐	-생 漢	…生まれ	유월생 6月生まれ 칠십팔 년생 78年生まれ
☐	세 漢	〜歳	삼십 세 30歳
☐	센티미터 漢	〜センチメートル(cm)	십 센티미터 10センチメートル
☐	소-	小…	소극장 小劇場
☐	수-	数…、幾(いく)…、何…	수천 명 数千名
☐	-원	…員	은행원 銀行員

	4級必須「接辞・依存名詞」		例
☐	-인 漢	…人、…名*3	삼인 분 3人分
☐	-인	…人（じん）	한국인 韓国人
☐	잔 固	～杯	맥주 한 잔 ビール1杯
☐	-장	…長	회장 会長
☐	-적	…的	계획적 計画的
☐	점/-점 漢	①点 ②…点	팔십 점 80点
			문제점 問題点
☐	-점	…店	음식점 飲食店、レストラン
☐	중	～中、～（の）間、～途中	회의 중 会議中
☐	초 漢	～秒	육십 초 60秒
☐	초-	初…	초여름 初夏
☐	-초	…初め、…初期	연초 年頭、年始
☐	킬로그램 漢	～キログラム（kg）	오십오 킬로그램 55キログラム
☐	킬로미터 漢	～キロメートル（km）	이백 킬로미터 200キロメートル
☐	퍼센트 漢	～パーセント（%）	백 퍼센트 100パーセント
☐	페이지 漢	～ページ	사 페이지 4ページ
☐	-학	…学	수학 数学
☐	학년 漢	～年生	삼 학년 3学年、3年生
☐	-행	…行き	부산행 釜山行き
☐	회 漢	～回	제오 회 第5回
☐	-회	…会	운동회 運動会

語尾

合格のための
マスター事項

「갈까요 (行きましょうか)」「가거든요 (行くんですよ)」「가려고요 (行こうと思います)」のように、語尾は文の意味やニュアンスを変化させる働きをしますが、語尾の意味を知らないと文章全体の意味を正確に読み取ったり、聞き取ることができません。また、語尾学習においては、「-(으)려고」「-아/어서」のように、接続の仕方の違いにも注意が必要です。

4級必須「語尾」一覧		例文
-(으)니까	①～するから、～だから、～するので、～なので	내일은 시간이 없으니까 모레 만날까요? 明日は時間がないので、あさって会いましょうか?
	②～すると、～したら	그 사람을 만나 보니까 오빠의 친구였어요. その人に会ってみたら、お兄さんの友達でした。
-(으)ㄹ게요	～しますからね、～しますよ (意志・約束)	약속은 반드시 지킬게요. 約束は必ず守りますよ。
-(으)ㄹ까요?	～しましょうか、～するでしょうか、～でしょうか	저녁은 제가 준비할까요? 夕食は私が準備しましょうか?
-(으)러	～しに、～するために	친구를 만나러 한국에 왔어요. 友達に会いに韓国に来ました。
-(으)려고	～しようと、～しようとして、～するつもりで	주스를 사려고 편의점에 갔습니다. ジュースを買いにコンビニに行きました。
-(으)려고요(?)	～しようと思いまして、～しようと思います (か?)	이제 좀 쉬려고요. もう休もうと思いまして。
-(으)면	～すると、～だと、～すれば、～であれば、～するならば、～ならば	커피를 마시면 잠이 안 와요. コーヒーを飲めば眠くなりません。
-(으)ㅂ시다	①～しましょう	같이 가 봅시다. 一緒に行ってみましょう。
	②～してください	이 문제에 대해서 같이 생각해 봅시다. この問題について一緒に考えてみてください。
-(으)십시오	～してください	손님, 이쪽으로 오십시오. お客さま、こちらにいらしてください。

34

4級必須「語尾」一覧		例文
-(이)라도	~でも、~であっても	차라도 마실까요? お茶でも飲みますか?
-(이)라서	~であるので、~なので、~だから	오늘은 일요일이라서 집에 있습니다. 今日は日曜日なので家にいます。
-(이)라서요	~だからです	오늘 못 만나요. 시험 기간이라서요. 今日会えません。試験期間だからです。
-아/어도	~しても、~であっても	적어도 10명은 올 것 같습니다. 少なくとも10名は来るでしょう。
-아/어서	①~して	바빠서 죽겠어요. 忙しくて死にそうです。
	②~したので、~なので	날씨가 추워서 집에서 나갈 수 없습니다. 天気が寒いので家から出られません。
-아/어서요	~だからです、~するからです	왜 안 먹어요? 배가 불러서요. なぜ食べないのですか? おなかがいっぱいだからです。
-아/어쎴-	~したのだろう、~だったのだろう(過去の推量)	고생 많이 하셨겠어요. 大変ご苦労されたのでしょう。
-아/어쎴던	~かった、~だった(形容詞・指定詞の過去連体形)	가수이었던 남자예요. 歌手だった男性です。
-아/어요	①~しなさい	놀지 말고 공부해요. 遊ばないで勉強しなさい。
	②~しましょう	술 한잔 해요. お酒を一杯飲みましょう。
-거든요	~するんですよ、~なんですよ、~するものですから、~なものですから	소개하고 싶은 사람이 있거든요. 紹介したい人がいるんですよ。
-겠-	①~しそうだ、~のようだ	내일 아침에 비가 오겠습니다. 明日の朝、雨が降りそうです。
	②~いたします、~でございます(丁寧、控えめな表現)	먼저 가 보겠습니다. お先に失礼いたします。
-네요	~しますね、~ですね(感嘆)	한국말 잘하시네요. 韓国語がお上手ですね。
-잖아요(?)	~じゃないですか(?)、~するじゃないですか(?)、~でしょう?、~するでしょう?	매일 열심히 공부하잖아요. 毎日一生懸命勉強しているじゃないですか。
-지만	~するが、~だが、~するけれど、~だけれど	한국어는 어렵지만 재미있어요. 韓国語は難しいですが、面白いです。

合格のための マスター事項

慣用句

　「가슴이 넓다（心が広い）」「마음이 좋다（気立てがいい）」のように二語以上の単語が一つになって特定の意味を持つのが慣用句（連語、イディオム）です。「머리가 아프다（頭が痛い）」のように、直訳して意味が理解できるものもある一方で、「마음을 먹다（決心する）」のように、直訳（＝心を食べる）とかけ離れているため、意味を知らなければ理解が困難なものもあります。韓国語の慣用句は、「가슴（胸）」「머리（頭）」など身体部位を使った表現が多いのも特徴です。慣用句を覚える際には、それぞれの単語をバラバラにせず、単語と単語を組み合わせた状態できちんと意味を覚え、例文を利用してその意味を頭の中でイメージするようにしてみましょう。

	4級必須「慣用句」	意味	
□	가슴속에 남다	心に残る	
□	가슴으로 느끼다	心で感じる	
□	가슴을 열다	心を開く	＊現在は範囲外
□	가슴을 터놓다	心を開く	
□	가슴이 넓다	心が広い、懐が深い	
□	가슴이 따뜻하다	心が温かい、心が温まる	
□	가슴이 아프다	胸が痛む、胸がうずく	
□	나이가 들다	年を取る、老ける	
□	나이를 먹다	年を取る、老ける	
□	눈물이 나다	涙が出る	＊現在は範囲外
□	다시 말하면	すなわち、つまり、言い換えれば	
□	다시 말해(서)	すなわち、つまり、言い換えれば	
□	답이 안 나오다	答えが出ない、結論が出ない	＊現在は範囲外
□	돈이 되다	金になる	
□	마음에 들다	気に入る、好ましく思う	
□	마음을 먹다	心に決める、決心する、本気になる	
□	마음이 가볍다	気持ちが軽い、心が軽やかだ	
□	마음이 넓다	心が広い、懐が深い	
□	마음이 무겁다	気が重い、心が重い	

4級必須「慣用句」	意味
☐ 마음이 아프다	胸が痛い、心がうずく
☐ 마음이 좋다	気立てがいい、人がいい、人情がある、思いやりがある
☐ 마음이 통하다	心が通う、心が通じる、気が置けない
☐ 말 그대로	文字どおり、言葉どおり　　　　　＊現在は範囲外
☐ 말로 하다	言葉で伝える
☐ 말을 시키다	話をさせる、言わせる
☐ 머릿속에 그리다	頭に描く、頭の中に描く
☐ 머리가 아프다	①頭が痛い、頭痛がする ②（心配事で）頭が痛い、悩む
☐ 아직 멀었다	（ある状態に至るまで）ほど遠い、まだまだだ
☐ 언제 어디서나	いつでもどこでも
☐ 잠이 들다	①寝付く、寝入る、眠りにつく ②永眠する
☐ 하나둘이 아니다	一つや二つではない、山のようにある
☐ 하나부터 열까지	1から10まで、どれもこれもすべて
☐ 한두 번이 아니다	一度や二度ではない、数えきれないほどある
☐ 힘을 내다	①力を出す ②元気を出す、頑張る
☐ 힘을 넣다	力を入れる
☐ 힘을 빌리다	力を借りる、助力を得る、援助を受ける
☐ 힘을 얻다	①力を得る、力づけられる ②（権力など特定の）力を得る
☐ 힘이 나다	①力が出る ②元気が出る
☐ 힘이 들다	①骨が折れる、大変だ ②難しい、困難だ
☐ 힘이 없다	①力や気力がない　②能力がない、無能だ ③（権力など特定の）力がない
☐ 힘이 있다	①力がある ②元気だ ③（権力など特定の分野に及ぶ）力がある

あいさつ・あいづち表現

合格のための
マスター事項

「다녀오겠습니다 (行ってきます)」「잘 먹겠습니다 (いただきます)」などの「あいさつ」や、「맞다 (あっ、そうだ)」などの「あいづち」は、どんな場面や状況で使われるのかを考えながら学習しましょう。特に、「아이고 (あら、ああっ)」や「잠시만요 (少々お待ちください)」のように、短いながらも多くの意味を含む表現が多く存在するからです。筆記試験の大問8で、提示された状況にふさわしいあいさつやあいづちを問う問題が出題されます。

4級必須「あいさつ・あいづち」	意味	使われる場面・状況
□ 감사드립니다.	ありがとうございます/ありがとうございました	感謝をするとき
□ 건배!	乾杯!	お酒の席で乾杯するとき
□ 고마웠습니다. / 고마웠어요.	ありがとうございました	感謝をするとき
□ 그럼요.	もちろんです	相手の意見に同意するとき
□ 그렇지요.	そうですよ	相手の意見に同意したり、納得したとき
□ 그렇지요?	そうですよね?	相手に同意を求めるとき
□ 글쎄요.	①さあ…、そうですね ②だから	返事を濁したり、即答できないとき
□ 다녀오겠습니다. / 다녀오겠어요.	行ってまいります/行ってきます	その場に残る人に対して、外出する人がそれを知らせるとき
□ 다녀오십시오. / 다녀오세요.	行ってらっしゃいませ/行ってらっしゃい	その場に残る人が、外出する人を見送るとき
□ 됐습니까?/됐어요?	よろしいですか?/いいですか?	確認するとき
□ 됐습니다./됐어요.	結構です/いいです/いりません	相手からの勧誘(飲食、販売など)や提案を断るとき
□ 맞다.	あっ、そうだ/そうだった	独り言で、急に何かを思い出したり思いついたとき

	4級必須「あいさつ・あいづち」	意味	使われる場面・状況
☐	무슨 말씀을요.	とんでもないです/何をおっしゃいますか	相手からの称賛に対し謙遜したり、謝罪に対し恐縮するとき
☐	뭘요.	いえいえ/とんでもないです/どういたしまして	お礼に対して返答するとき
☐	새해 복 많이 받으십시오./ 새해 복 많이 받으세요.	新年明けましておめでとうございます	新年のあいさつをするとき
☐	수고 많으셨습니다./ 수고 많으셨어요.	ご苦労さまでした/ お疲れさまでした	相手の努力や働きに対してそれを認め、感謝の言葉をかけるとき
☐	수고하셨습니다./ 수고하셨어요.	ご苦労さまでした/ お疲れさまでした	相手の努力や働きに対してそれを認め、感謝の言葉をかけるとき
☐	수고하십니다./ 수고하세요.	お疲れさまです	相手の努力や働きに対してそれを認め、感謝の言葉をかけるとき
☐	신세 많이 졌습니다.	大変お世話になりました	人にお世話になったとき
☐	아이고	あら/ああっ	喜怒哀楽を表現するとき
☐	안녕히 주무셨습니까?/ 안녕히 주무셨어요?	よくお休みになれましたか？ （おはようございます）	家族（親、祖父母等）や目上の人に対して、朝起きて間もなく言葉をかけるとき
☐	안녕히 주무십시오./ 안녕히 주무세요.	おやすみなさい	家族（親、祖父母等）や目上の人に対して、就寝する前に言葉をかけるとき
☐	잘 먹겠습니다./ 잘 먹겠어요.	いただきます	食事を食べる前や食事をごちそうになるとき
☐	잘 먹었습니다./ 잘 먹었어요.	ごちそうさまでした	食事を食べ終わったときや食事をごちそうになったとき
☐	잠시만요.	少々お待ちください/ちょっとすみません	相手に待機を促したり、前に進む際、道を譲ってほしいとき
☐	참	そういえば/あっ、そうだ	忘れていたことを急に思い出したとき
☐	축하드립니다./ 축하드려요.	おめでとうございます	祝福するとき

慣用表現

合格のための マスター事項

　慣用表現とは、「-는 중이다 (〜しているところだ)」「-(으)려고 하다 (〜しようと思う)」のように、用言 (動詞、形容詞) や存在詞 (있다, 없다) などに接続するさまざまな表現です。語尾と同様、その種類は多様で接続の仕方にも注意しなくてはなりません。また、「-고 있다」と「-아/어 있다」のように、日本語では同じく「〜している」と訳せても、意味はそれぞれ「動作の進行」「状態」を表すなどの違いを持つ表現にも注意してください。

4級必須「慣用表現」	意味
□ (体言) + 가운데서	①〜の真ん中で　　　　　　　＊現在は範囲外 ②〜の中で、〜のうち、〜において、〜の中から
□ (体言) + 때문이다/ 　(体言) + 때문에	〜のせいだ、〜のためだ/〜のせいで、〜のために 　　　　　　　　　　　　　　　　　　＊現在は範囲外
□ (体言) + 밖에 없다/ 　(体言) + 밖에 안 되다	〜しかない/〜しかだめだ　　　＊現在は範囲外
□ (体言) + 중 (에서)	〜の中 (で)、〜のうち　　　　　＊現在は範囲外
□ (代名詞　이, 그, 저) + 걸로 　(걸로は것으로の縮約形)	(これ、あれ、それ) で (を、に)
□ -고 계시다	〜していらっしゃる、〜しておられる
□ -고 싶어 하다	〜したがる、〜したがっている
□ -고 있다 (動作の進行) / 　아/어 있다 (状態)	〜している
□ -기 때문에	〜するので、〜なので、〜するから、〜であるから
□ -기 전 (에)	(動詞) 〜する前 (に) (形容詞、指定詞) 〜である前 (に)
□ -(으)ㄴ 가운데	(形容詞、指定詞) 〜である中 (で)、〜の間に、 (動詞) 〜した中 (で)、〜した最中 (に)、〜しているうちに

	4級必須「慣用表現」	意味
☐	-는 가운데	（動詞、存在詞）〜する中（で）、〜する間に、〜するうちに、〜している間に、〜しているうちに
☐	-(으)ㄴ/는 걸로 (걸로は것으로の縮約形)	〜するもので（を、として）、〜することで（を、として）
☐	-(으)ㄴ 것	（形容詞、指定詞）〜なこと、〜なもの、〜であること、〜であるもの （動詞）〜したこと、〜したもの
☐	-는 것	（動詞、存在詞）〜すること、〜するもの
☐	-(으)ㄴ 결과	〜した結果
☐	-(으)ㄴ 끝에	（動詞）〜した末（に）、〜した挙句
☐	-(으)ㄴ 다음 (에)	（動詞）〜した後（に）、〜してから
☐	-(으)ㄴ 데	（形容詞、指定詞）〜なところ、〜な点 （動詞）〜したところ、〜した点
☐	-는 데	（動詞、存在詞）〜するところ、〜する点 （動詞）〜するのに
☐	-(으)ㄴ 뒤 (에)	（動詞）〜した後（に）、〜してから
☐	-(으)ㄴ 이상 (은)	（形容詞、指定詞）〜である以上（は） （動詞）〜した以上（は）
☐	-(으)ㄴ 일도 아니잖아 (요)	（形容詞、指定詞）〜なことでもないじゃないですか、〜であることでもないじゃないですか （動詞）〜したことでもないじゃないですか ＊現在は範囲外
☐	-(으)ㄹ /는 일도 아니잖아 (요)	（動詞）〜することでもないじゃないですか ＊現在は範囲外
☐	-(으)ㄴ 일이 있다/없다	（動詞）〜したことがある/ない
☐	-(아/어)ㅆ던 /(으)ㄴ 일이 있다/없다	（動詞）〜したことがある/ない
☐	-(으)ㄴ 적이 있다/없다	（動詞）〜したことがある/ない

4級必須「慣用表現」	意味
☐ -(으)ㄴ 정도로(는)	(形容詞)〜なくらいに(は)、〜なほどに(は) (動詞)〜したくらいに(は)、〜したほどに(は)
☐ -는 정도로는	(動詞)〜するくらいに(は)、〜するほどに(は)
☐ -아/어 쓰던 정도로는	(動詞)〜したくらいに(は)、〜したほどに(は)
☐ -(으)ㄴ 후(에)	(動詞)〜した後(に)、〜してから
☐ -는 사이(에)	(動詞、存在詞)〜する間(に)、〜している間(に)、〜するうち(に)、〜しているうち(に)
☐ -(으)ㄴ 사이(에)	(動詞)〜していた間(に)、〜していたうち(に)
☐ -는 중이다/중에	〜しているところだ/〜しているところで(に)、〜の最中で(に)
☐ -도 아닌데	〜でもないのに　　　　＊現在は範囲外
☐ -(으)ㄹ 거예요(?)	〜すると思います(か?)、〜だろうと思います(か?)、〜するでしょう(か?)、〜でしょう(か?)
☐ -(으)ㄹ 겁니까?	〜しますか？ 〜するつもりですか？
☐ -(으)ㄹ 것이 아니라/게 아니라	〜するのではなく、〜するわけではなく、〜なわけではなく　　　　＊現在は範囲外
☐ -(으)ㄹ 때(에)	〜するとき(に)、〜しているとき(に)、〜であるとき(に)、〜する場合(に)、〜している場合(に)、〜である場合(に)
☐ -(으)ㄹ 생각(이다)/생각으로	(動詞)〜するつもりだ/(動詞、存在詞)〜するつもりで
☐ -(이)라고 하면	〜と言えば
☐ -(으)러 가다/오다	〜しに行く/来る
☐ -(으)려(고) 하다	〜しようと思う、〜であろうと思う 〜しようとする、〜であろうとする
☐ -(으)면 되다/안 되다	〜すればいい、〜であればいい/ 〜してはいけない、〜ではいけない

4級必須「慣用表現」	意味
☐ -(으)면 어때요?	~したらどうですか？ ~であればどうですか？
☐ -(으)시겠어요?	~なさいませんか？ ~なさいますか？
☐ -(으)시죠	①~なさってください ②~しましょう、~なさいませんか
☐ -아/어 쓸 때 (에)	~したとき(に)、~だったとき(に)
☐ -아/어 가다/오다	(動詞) ~していく/~してくる (形容詞) ~になっていく/~になってくる
☐ -아/어 계시다	~していらっしゃる、~しておられる
☐ -아/어도 되다/좋다/괜찮다	~してもいい、~でもいい、~しても構わない、 ~でも構わない
☐ -아/어 드리다	~して差し上げる
☐ -아/어 보다	~してみる
☐ -아/어 본 일이 있다/없다	~してみたことがある/ない　　＊現在は範囲外
☐ -아/어야 하다/되다	~しなくてはならない、~でなくてはならない、 ~すべきだ、~であるべきだ
☐ -아/어 주다	①~してあげる ②~してくれる
☐ -아/어 주면 안 돼요?	①~してくれませんか? ②~してあげたらいけませんか?
☐ -아/어 주면 좋겠다	①~してほしい ②~したい ③~したらいい
☐ -아/어 주세요	①~してください ②~してあげてください ③~してくださいます
☐ 아/어 하다	(主に感情を表す形容詞に付いて) ~がる、 ~に思う
☐ -안 -(으)ㄴ 건 아니다	①(動詞) ~しなかったわけではない ②(形容詞) ~ではないわけではない

4級必須「慣用表現」	意味
☐ -와/과 (는) 달리	～と(は)違って、～と(は)別に
☐ -와/과 마찬가지다/마찬가지로	～と同じだ／～と同じく、～と同じように、～と同様に
☐ -이/가 어떻게 되십니까/되세요/돼요?	～はどうなりますか？　　　＊現在は範囲外
☐ -지 마십시오	～なさらないでください
☐ -지 마세요/말아요/마요	～しないでください
☐ -지 말고	～せずに
☐ -지 말아야 하다/되다	～しないようにしなければならない
☐ -지 말아 주다	①～なさらないようにしてくれる、～しないようにしてくれる、～なさらないでくれる、～しないでくれる ②～なさるのはやめる、～するのはやめる　＊現在は範囲外
☐ -지 않으면 안 되다	～しなければならない、～でなければならない
☐ -지 않을래요?	～しませんか？　　　＊現在は範囲外
☐ -지 않으시겠습니까?/-지 않으시겠어요?	～なさいませんか？
☐ 안 -(으)시겠습니까?/안 -(으)시겠어요?	

2章 出題パターン別練習問題

[筆記問題]
1. 発音……………………46
2. 語彙1……………………52
3. 語彙2……………………58
4. 語彙3……………………64
5. 置き換え可能表現………68
6. 用言の活用………………74
7. 助詞・語尾・慣用表現…80
8. あいさつ・あいづち表現…86
9. 対話文完成………………90
10. 長文読解…………………96
11. 対話文読解………………101

[聞取問題]
1. 穴埋め……………………106
2. 絵を見て答える…………112
3. 応答文選択………………119
4. 日本語訳選択……………124
5. 対話聞き取り①…………129
6. 内容一致…………………134
7. 対話聞き取り②…………138

出題パターン別練習問題

筆記問題

1 発音

練習問題

発音どおり表記したものを①〜④の中から1つ選びなさい。

1) 접시

　　① [접씨]　　　② [접시]　　③ [젖시]　　④ [점씨]

2) 부엌일

　　① [부어길]　　② [부어킬]　　③ [부엉닐]　　④ [부엉일]

3) 못 알아듣습니다

　　① [몬나라듣씀니다]　　② [모다라듣씀니다]
　　③ [모사라듣씀니다]　　④ [몯다라듣씀니다]

4) 옛날에는

　　① [엔나레는]　　② [엥나레는]
　　③ [옌나레는]　　④ [옏나레는]

5) 여덟 사람이에요

　　① [여덥싸라미에요]　　② [여덜싸라미에요]
　　③ [여덜사라미에요]　　④ [여덥사라미에요]

6) 비슷했어요

　　① [비스태써요]　　② [비슨대서요]
　　③ [비쓰대서요]　　④ [비쓴때써요]

7) 연락하세요

　① [열라까세요]　　② [연나카세요]
　③ [열라카세요]　　④ [여라까세요]

8) 육 학년

　① [육항년]　② [유항년]　③ [유강년]　④ [유캉년]

9) 잃을 거예요

　① [일흘꺼에요]　　② [이를거에요]
　③ [이를꺼에요]　　④ [이흘거에요]

10) 입학해요

　① [이파캐요]　　② [이바캐요]
　③ [이파해요]　　④ [이바해요]

過去問にチャレンジ　＜第37回「ハングル」能力検定試験　筆記問題　[1]-4)＞

끝내요
① [끌래요]　② [끙내요]　③ [끔내요]　④ [끈내요]

解答と解説

単語や語句、文章の正しい発音表記を選ぶ問題です。4級の出題範囲だけでなく、「ㅎの弱化・脱落」など、5級の範囲も出題されます。また1単語のみでなく、合成語や文章の形式で2単語間にまたがる発音変化も問われます。『トウミ』の語彙リストの範囲内ではありますが、一部の指定語彙を対象に、「ㄴ挿入」など、4級レベルを上回る知識を必要とした出題もされます。『トウミ』単語リストに発音が明記されているものは要チェックです。なお、[ㅢ] の入る語彙は出題されていません。

1）

접시（皿）
正解 ① [접씨]

重要ポイント 濃音化の問題。[k][t][p]型パッチムの後ろに続く平音が濃音になる現象。この濃音化規則は5級の出題範囲ですが、「접시」は4級出題範囲の単語なので、発音もその規則とともに押さえておきましょう。
例 책상→[책쌍]

2）

부엌일（台所仕事）
正解 ③ [부엉닐]

重要ポイント 「ㄴ挿入」と「鼻音化」の問題。ㄴ挿入とは、合成語や2つの単語が連結された場合、後続の単語が「이」「야」「얘」「여」「예」「요」「유」で始まるとき、それらの母音の前に「ㄴ」が挿入される現象です。「부엌일」は「부엌（台所）」と「일（仕事）」から成る合成語のため、「부엌」と「일」の間にㄴが挿入され、[부억닐]となり、さらにパッチムㅋ[ㄱ]が、直後に「ㄴ」が続くことで鼻音化し[ㅇ]となります。従って最終的な発音は[부엉닐]。ㄴ挿入は4級の出題範囲には含まれませんが、「부엌일」をはじめㄴ挿入を起こす単語が4級指定語彙のため、覚えておきましょう。
例 부엌일→[부엌+ㄴ+일]→[부억닐]→[부엉닐]

3)

못 알아듣습니다 (理解できません、聞き取れません)
正解 ② [모다라듣씀니다]

重要ポイント 単語間の連音化の問題。連音化(リエゾン)とは、例えば「넓이(広さ)」→ [널비] のように、パッチムと直後に続く母音を一緒に発音する現象のこと。4級では基本的に『トウミ』の語彙リストに含まれるもの、また否定の「못」が結合する場合に限定されます。否定の「못」が結合する場合、「못 옵니다(来ることができません)」→ [몯 옵니다] → [모돔니다] のようになります。従って「못 알아듣습니다」は、[몯 아라듣씀니다] → [모다라듣씀니다]。

4)

옛날에는 (昔は)
正解 ③ [옌나레는]

重要ポイント 鼻音化の問題。[t]型パッチムに「ㄴ」「ㅁ」が続くと、[t]が鼻音化して[ㄴ]の音に変化します。「옛날(昔)」の「ㅅ」は[t]型パッチムで発音は[ㄷ]です。この直後に「ㄴ」がくるため、「ㅅ」が鼻音化し[ㄴ]になり、[옌날]と発音されます。最終的には、옛날에는[옌날에는]→[옌나레는]。

5)

여덟 사람이에요 (8名です)
正解 ② [여덜싸라미에요]

重要ポイント 「여덟(8)」の直後の平音の濃音化の問題。「여덟 + 사람」→ [여덜싸람]。さらに「사람」のパッチム「ㅁ」と「-이에요」の間で連音化が起こり[-미에요]となるので正解は②です。4級において「여덟(8)」と「열(10)」の直後の平音の濃音化、さらに漢字語や合成語における濃音化は、『トウミ』の語彙リストに掲載されている単語のみが出題対象となります。

6)

비슷했어요 (似ていました)
正解 ① [비스태써요]

重要ポイント 激音化の問題。「비슷-」のパッチム「ㅅ」は[ㄷ]で発音されるため、その次にくる「-했-」の「ㅎ」によって激音化が起こり、[ㄷ]→[ㅌ]となります。つまり、비슷했어요[비슫했어요]→[비스태써요]。

7)

연락하세요（連絡してください）
正解 ③［열라카세요］

重要ポイント 流音化と激音化の問題。「연락（連絡）」の「연」の後に「락」の「ㄹ」が続くため、「ㄴ」→「ㄹ」で［열락］となります。さらに「락」の次にくる「ㅎ」によって激音化が起こり、「락」の「ㄱ」が［ㅋ］と発音されます。従って最終的な発音は、［열라카세요］。

8)

육 학년（6年生）
正解 ④［유캉년］

重要ポイント 激音化と鼻音化の問題。「육（6）」のパッチム「ㄱ」が次の「학」の「ㅎ」の影響で激音化し［ㅋ］と発音されます。さらに「학년」の「학」は、パッチム「ㄱ」が「년」の初声「ㄴ」の影響で鼻音化するため［ㅇ］となり［항］となります。

9)

잃을 거예요（失うでしょう）
正解 ③［이를꺼에요］

重要ポイント 「ㅎ」の無音化による連音化と濃音化の問題。「잃」のパッチム「ㅀ」の「ㅎ」が無音化することで、「ㄹ」が直後の「-을」と連音化し［이를］となります。さらに「잃을」の「-을」は未来連体形の語尾のため、直後にくる初声の平音「ㄱ」は濃音化し［ㄲ］と発音されます。

10)

입학해요（入学します）
正解 ① [이파캐요]

重要ポイント 激音化の問題。「입학」の「입」のパッチム「ㅂ」が次にくる「학」の初声「ㅎ」の影響で激音化し［ㅍ］と発音され、さらに「학」のパッチム「ㄱ」が「해」の初声「ㅎ」の影響で激音化し［ㅋ］となります。

過去問にチャレンジ

끝내요（終わります）
正解 ④ [끈내요]

重要ポイント 鼻音化の問題。「끝」のパッチム「ㅌ［ㄷ］」の後ろに「ㄴ」が続くと鼻音化が起こり、発音は［끈］となります。［k］［t］［p］型パッチムは鼻音化によりそれぞれ［ㅇ］［ㄴ］［ㅁ］となります。

語彙 1

練習問題

次の日本語に当たるものを①～④の中から1つ選びなさい。

1）海外

　　① 해외　　　② 한자　　　③ 학기　　　④ 홍차

2）卒業

　　① 질문　　　② 졸업　　　③ 시합　　　④ 설명

3）(手の) 指

　　① 손가락　　② 손수건　　③ 젓가락　　④ 목소리

4）みそ汁

　　① 된장국　　② 떡국　　　③ 떡볶이　　④ 갈비탕

5）広げる

　　① 펴다　　　② 풀다　　　③ 피다　　　④ 피우다

6) 残す

① 넘다　　② 나누다　　③ 남다　　④ 남기다

7) ケチだ

① 좁다　　② 짜다　　③ 적다　　④ 젊다

8) 似ている

① 비슷하다　　② 편하다　　③ 빠르다　　④ 맞다

9) しばらく

① 이제　　② 아까　　③ 잠시　　④ 어서

10) ほとんど

① 거의　　② 겨우　　③ 아마　　④ 아직

過去問にチャレンジ ＜第36回「ハングル」能力検定試験　筆記問題　2-3)＞

流れる
① 흐리다　　② 흐르다　　③ 지나다　　④ 피다

解答と解説

　単語力を問う問題です。表示された単語に当たる韓国語を選ぶというシンプルな形式ですが、選択肢にはそれぞれ似たようなつづりや意味を持った単語が出題されます。全4問で、「名詞（固有語・漢字語）」「動詞」「形容詞」「副詞」が1題ずつバランスよく出題されます。『トウミ』を中心に単語学習に努めれば得点できる設問です。

1）

① 해외（海外）　② 한자（漢字）　③ 학기（学期）　④ 홍차（紅茶）

正解 ①해외

2）

① 질문（質問）　② 졸업（卒業）　③ 시합（試合）　④ 설명（説明）

正解 ②졸업

3）

① 손가락（〈手の〉指）　② 손수건（ハンカチ）
③ 젓가락（箸）　④ 목소리（声）

正解 ①손가락

重要ポイント　それぞれの単語のつづりが似ているため注意しましょう。②손수건は、「손（手）」+「수건（手ぬぐい）」。①손가락、③젓가락の「가락」は、「先の細長いもの」という意味です。「젓가락」は「숟가락（スプーン）」とセットで覚えておきましょう。④목소리は、「목（首、のど）」+「소리（声、音）」。

4）

① 된장국（みそ汁）　② 떡국（トックク）
③ 떡볶이（トッポッキ）　④ 갈비탕（カルビスープ）

正解 ①된장국

重要ポイント すべて代表的な韓国料理です。「국」「탕[湯]」はともに「スープ」「汁」。③떡볶이の「떡」は、うるち米の粉で作った「餅」で、「볶이」は「炒めたもの」の意味です。「볶다」は「炒める」。餅と野菜などをコチュジャンで甘辛く炒めた料理です。

5）

① 펴다（広げる）　② 풀다（解く、和らげる、解放する）
③ 피다（咲く、生える、〈火が〉起こる）
④ 피우다（〈たばこを〉吸う、〈火を〉起こす、〈花を〉咲かせる）

正解 ①펴다

重要ポイント 正解の①펴다には、「広げる」「開く」「伸ばす」「敷く」など複数の意味があります。②の「풀다」は、「문제를 풀다（問題を解く）」「코를 풀다（鼻をかむ）」のように使います。③④は特に注意が必要です。③피다が「咲く」「生える」「(火が)起こる」という意味を持つ「自動詞」であるのに対し、④피우다は「(たばこを)吸う」「(火を)起こす」という「他動詞」です。また「피다（咲く）」の使役形でもあり、「(花などを)咲かせる」という意味もあります。
関連例文 책을 펴다（本を開く）／허리를 펴다（腰を伸ばす）

6）

① 넘다（超える）　② 나누다（分ける）
③ 남다（残る、余る）　④ 남기다（残す）

正解 ④남기다

重要ポイント 正解の④남기다は「残す」という他動詞で、「남다（残る、余る）」の使役形です。②나누다は「分ける」「(話、情などを)交わす」という意味があります。
関連例文 고개를 넘다（峠を越える）／밥을 남기다（ご飯を残す）／병에 술이 남아 있다（瓶にお酒が残っている）／네 개로 나누다（4つに分ける）／이야기를 나누다（話を交わす）

7）

① 좁다（狭い）　② 짜다（塩辛い、ケチだ、〈評価が〉辛い）
③ 적다（少ない）　④ 젊다（若い）

正解 ②짜다

重要ポイント 正解の②짜다は、「塩辛い」という意味を理解していれば、「ケチだ」や「(評価が)辛い」といった意味もイメージで導けるでしょう。①좁다(狭い)と③적다(少ない)は、それぞれ反意語の「넓다(広い)」「많다(多い)」と対で覚えてください。

8）

① 비슷하다 (似ている) ② 편하다 (楽だ、便利だ)
③ 빠르다 (速い、早い) ④ 맞다 (合う、正しい)

正解 ①비슷하다

重要ポイント 正解の①비슷하다は、大問[1]の発音問題や聞取問題でも頻出の単語です。発音は[비스타다]。②편하다は、「安らかだ」「楽だ」の意味と、「便利だ」の意味があります。「편안하다(無事だ、安らかだ)」と混同しやすいので注意してください。③빠르다は、「(速度が)速い」「(時間、時期が)早い」、④맞다は、大きさ、意見、相性、味などが「合う」「似合う」「ふさわしい」「正しい」の意味。

9）

① 이제 (今、もうすぐ、すでに) ② 아까 (さっき)
③ 잠시 (しばらく) ④ 어서 (はやく、どうぞ、さあ)

正解 ③잠시

重要ポイント 副詞の問題です。4級レベルの副詞は日本語の訳だけではその細かいニュアンスを理解しにくいものも多いので、必ず例文とともに覚えるようにしましょう。正解の③잠시は「しばらく」「少しの間」という意味です。①이제は「今」「ただ今」という意味と、「もうすぐ」「すぐに(ごく近い未来に)」という意味、そして、「すでに」「ちょっと前」という意味でも使われます。②아까は「少し前」「先ほど」。④어서(はやく、どうぞ、さあ)は、相手に行動を促したり、勧めるときに使う表現です。速度の速さを表す意味はありません。

関連例文 잠시 기다리세요.(しばらくお待ちください)／이제 9시예요.(今9時です)／이제 갑니다.(今すぐ行きます)／이제 방금 들은 이야기예요.(今さっき聞いた話です)／아까 만난 사람이에요.(少し前に会った人です)／어서 가자.(早く行こう)

10)

① 거의 (ほとんど) ② 겨우 (やっと、ようやく)
③ 아마 (おそらく、たぶん) ④ 아직 (まだ、いまだに、なお、やはり)

正解 ①거의

重要ポイント 正解の①거의は「ほとんど」「ほぼ」「おおよそ」の意味です。②겨우は、「やっと」「ようやく」。겨우겨우(やっとのことで、かろうじて)は関連表現として覚えてください。③아마(도)は「おそらく」「たぶん」という意味です。④아직は過去の状態がいまだに続いている様子を表す副詞で、「まだ」「いまだに」の意味と、「今でもなお」「やはり」の意味があります。

関連例文 이 소설을 거의 다 읽었습니다.(この小説をほとんど全部読みました)/거의 없어요.(ほとんどないです)/시험에 겨우 합격했어요.(試験にやっと合格しました)/아마 내일쯤 올 거예요.(おそらく明日あたりに来るでしょう)/아직 멀었어요.(〈実力・道のりなどが〉まだまだです)/아직 비가 오고 있습니다.(今なお雨が降っています)

過去問にチャレンジ

① 흐리다 (濁る、曇っている) ② 흐르다 (流れる)
③ 지나다 (過ぎる、通る) ④ 피다 (咲く、開く、生える)

正解 ②흐르다

重要ポイント 発音の似ている①흐리다(濁る、曇っている)と②흐르다(流れる)を混同しないよう注意しましょう。③지나다は、「시간이 지나다(時間が過ぎる)」のように使います。「지내다(過ごす、〈仲よく〉交わる、付き合う)」と混同しないように気を付けましょう。「지나다」は5級指定の語彙ですが、このように4級の試験にも登場しますので、5級の語彙もあわせて再確認しておきましょう。

練習問題

(　　)の中に入れるのに最も適切なものを①～④の中から1つ選びなさい。

1) 어릴 때 불렀던 노래가 (　　) 납니다.

　　① 사랑이　　② 고향이　　③ 생활이　　④ 생각이

2) 도착하면 꼭 (　　) 걸어 주세요.

　　① 질문을　　② 전화를　　③ 연락을　　④ 설명을

3) 더 이상 말할 (　　) 없습니다.

　　① 필요는　　② 노력은　　③ 기억은　　④ 그릇은

4) 병이 다 (　　) 같이 해외 여행을 가고 싶어요.

　　① 나면　　② 나으면　　③ 들으면　　④ 맞으면

5) 일주일의 여름 휴가를 (　　) 할 일이 없습니다.

　　① 얻었지만　　② 풀었지만　　③ 쉬었지만　　④ 놀았지만

6) 여기는 자동차를 (　　) 수 있는 데가 많지 않아요.

　① 잡을　　② 보낼　　③ 설　　④ 세울

7) 이 구두, 마음(　　　)?

　① 을 먹어요　② 에 들어와요
　③ 에 들어요　④ 이 무거워요

8) (　) 가세요. 회의에 늦겠어요.

　① 매우　　② 잠시　　③ 아까　　④ 어서

9) 그 이야기를 듣고 (　　) 놀랐습니다.

　① 가끔　　② 무척　　③ 빨리　　④ 또는

10) 이번 겨울은 (　　) 춥지 않았어요.

　① 함께　　② 겨우　　③ 전혀　　④ 여러 가지

過去問にチャレンジ　＜第36回「ハングル」能力検定試験　筆記問題 ③-1)＞

저는 매일 아침에 (　　)를/을 감아요.
① 꿈　② 물　③ 머리　④ 냄새

解答と解説

　文の形式で語彙について問う問題です。大問②と同様、体言、用言、その他（副詞・接続詞）が適当な割合で出題されますが、大問②と違って文の形式で出題されるため、前後の文脈を読み取り適切な語を選ぶ力が求められます。さらに連語の問題においては、日本語の干渉により間違えやすいもの、つまり直訳しただけでは本来の意味が思い浮かばないようなものも出題されます。大問②よりも難易度が高くなるため、配点も1問2点と高くなっています。単語や連語の意味だけを丸暗記するのではなく、例文とともにそれらの意味を理解する学習が効果的です。

1)

어릴 때 불렀던 노래가 (④생각이) 납니다.
幼いころ歌った歌が思い出されます。

① 사랑이 (愛が)　　② 고향이 (故郷が)
③ 생활이 (生活が)　　④ 생각이 (思いが)

重要ポイント 正解の④생각には「考え」「思い」の意味のほかに、「追憶」「記憶」「思い出」という意味もあります。ここでの「생각」は後者の意味で、「생각이 나다」は直訳すると「思いが出る」、つまり「思い出される」となります。冒頭の「어릴 때 불렀던 노래(幼いころ歌った歌)」と過去の事を追想している文脈から、④が正解です。

2)

도착하면 꼭 (②전화를) 걸어 주세요.
到着したら必ず電話をかけてください。

① 질문을 (質問を)　　② 전화를 (電話を)
③ 연락을 (連絡を)　　④ 설명을 (説明を)

重要ポイント 「도착하면 꼭(到着したら必ず)」という文脈から③と迷うかもしれません。「걸어 주세요(かけてください)」ではなく「주세요(ください)」であれば③も正解になりますが、「걸다」と結び付くのは正解②の「전화(電話)」のほかにはありません。「전화를 걸다」は「電話をかける」という意味の熟語です。4級出題範囲の「걸다」の熟語には、「말을 걸다(言葉をかける)」もあるので、

あわせて押さえておきましょう。

3)

더 이상 말할 (①필요는) 없습니다.
これ以上話す必要はありません。

① 필요는（必要は）　② 노력은（努力は）
③ 기억은（記憶は）　④ 그릇은（器は）

重要ポイント　「더 이상 말할（これ以上話す）」という文脈に続くのは正解の①。文脈を読み取って適切な答えを選ばなくてはいけない大問3の典型的問題です。

4)

병이 다 (②나으면) 같이 해외 여행을 가고 싶어요.
病気がすっかり治れば一緒に海外旅行に行きたいです。

① 나면（出れば）　② 나으면（治れば）
③ 들으면（聞けば）　④ 맞으면（合えば）

重要ポイント　「병이 낫다」は「病気が治る」の意味の熟語です。「나으면」の形は、パッチムがないにもかかわらず「-면」の前に「-으」が入っていることから、辞書形はㅅ変格活用用言の「낫다」であることに気付けるようにしましょう。

5)

일주일의 여름 휴가를 (①얻었지만) 할 일이 없습니다.
1週間の夏の休暇をもらいましたがすることがありません。

① 얻었지만（もらいましたが）　② 풀었지만（解きましたが）
③ 쉬었지만（休みましたが）　④ 놀았지만（遊びましたが）

重要ポイント　「휴가（休暇）」と結び付くのは①얻었지만。後半の「할 일이 없습니다（することがありません）」から、「これから休む」状態であることが分かるため、③쉬었지만（休みましたが）では正解にはなりません。「휴가를 얻다」は「休暇を得る、もらう」の意味の熟語です。4級出題範囲の「얻다」の熟語にはそのほかに「힘을 얻다（力を得る、勇気付けられる）」があります。また「휴가를 보내다（休暇を過ごす）」も一緒に押さえておきましょう。

6）

여기는 자동차를 (④세울) 수 있는 데가 많지 않아요.
ここは自動車を止めることができる場所が多くないです。

① 잡을（つかまえる）　② 보낼（送る）
③ 설（立つ）　　　　　④ 세울（止める）

重要ポイント　正解の④세우다には「立てる」「(建物などを)建てる」「(車を)止める」の意味があります。「차 세워！(車止めて！)」はドラマなどにもよく出てくる表現です。①잡다は、「자동차(自動車)」ではなく「택시(タクシー)」であれば正解になります。「택시를 잡다(タクシーをつかまえる＝止める)」もあわせて押さえてほしい熟語です。
関連例文　책을 세우다（本を立てる）／무릎을 세우다（膝を立てる）／새로 학교를 세우다（新しく学校を建てる）／차를 세우다（車を止める）

7）

이 구두, 마음(③에 들어요)?
この靴、気に入りましたか？（直訳：気に入りますか？）

① 을 먹어요（を食べますか）　② 에 들어와요（に入ってきますか）
③ 에 들어요（に入りますか）　④ 이 무거워요（が重いですか）

重要ポイント　正解③の「마음에 들다」は直訳すると「心に入る」で、「気に入る」という意味の熟語です。②と間違えないように気を付けましょう。①「마음을 먹다」は直訳すると「心を食べる」で、これで「決心する」という表現になります。④は「心が重い」「気が重い」という意味の熟語です。

8）

(④어서) 가세요. 회의에 늦겠어요.
さあ、早く行ってください。会議に遅れます。

① 매우（非常に、とても）　② 잠시（しばらく）
③ 아까（さっき）　　　　　④ 어서（さあ、早く）

重要ポイント　後半の文が「회의에 늦겠어요(会議に遅れます)」とあるので、「早くしなさい」「急ぎなさい」という意味の副詞を選ぶのがふさわしいです。それに該当するのは④。「어서」は「さあ」「早く」と相手に催促する意味と、「どうぞ」と歓迎する意味を持つ副詞。「어서 오세요(いらっしゃいませ)」は歓迎の意味です。

9)

그 이야기를 듣고 (②무척) 놀랐습니다.
その話を聞いてとても驚きました。

① 가끔 (たまに、時々)　　② 무척 (とても、非常に)
③ 빨리 (はやく、急いで)　　④ 또는 (または)

重要ポイント　文尾の「놀랐습니다（驚きました）」につながるのは、それを強調する②무척（とても、非常に）です。４級出題範囲で同じ意味を持つ副詞には、「너무」「아주」「매우」「많이*5」があります。　＊5級出題範囲

10)

이번 겨울은 (③전혀) 춥지 않았어요.
今年の冬は全く寒くなかったです。

① 함께 (一緒に)　　　　② 겨우 (やっと、ようやく)
③ 전혀 (全然、全く)　　④ 여러 가지 (いろいろ)

重要ポイント　文尾の「춥지 않았어요（寒くなかったです）」につながるのは、それを強調する③전혀（全然、全く）です。「전혀」は否定表現とともに用いる副詞であることに注意してください。②겨우は「やっと」「ようやく」の意味を持つ副詞です。

関連例文　전혀 모르는 사람이에요.（全然知らない人です）／중국어는 전혀 못해요.（中国語は全くできません）／겨우 끝났어요.（やっと終わりました）

過去問にチャレンジ

저는 매일 아침에 (③머리)를 감아요.
私は毎日朝に髪を洗います。

① 꿈 (夢)　　② 물 (水)　　③ 머리 (頭、髪)　　④ 냄새 (におい)

重要ポイント　連語の知識を問う問題です。４級出題範囲において「감다」は、「(目を)閉じる」「(髪を)洗う」という意味の単語としてそれぞれ『トウミ』に掲載されています。どちらの意味か迷うかもしれませんが、選択肢には「눈（目）」ではなく「머리（頭、髪）」しかないので、この問題の「감다」は「(髪を)洗う」であることが分かります。「머리를 감다」で「頭、髪を洗う」。①꿈は、「꿈을 꾸다（夢を見る）」、②물は、「물을 마시다（水を飲む）」、④냄새は、「냄새가 나다（においがする）」という連語としてそれぞれ使われます。

語彙3

練習問題

（　　）の中に入れるのに最も適切なものを①〜④の中から1つ選びなさい。

1) A：(　　) 열두 시가 됐어요.
   B：이제 자야 되는 시간이에요.

   ① 전혀　　② 자꾸　　③ 역시　　④ 벌써

2) A：어서 오세요. 무엇을 (　　)?
   B：비빔밥 2인분하고 맥주 1병을 주세요.

   ① 받으시겠습니까　② 시키시겠습니까　③ 피우시겠습니까　④ 보내시겠습니까

3) A：미영 씨, 아르바이트는 (　　)?
   B：아니요. 없어요.
   A：그럼, 제가 소개해 드릴게요.

   ① 찾았어요　② 샀어요　③ 했어요　④ 쉬었어요

4) A：오늘은 약속한 시간에 못 갈 겁니다.
   B：(　　) 이 있어요?
   A：늦잠을 잤어요.

   ① 바쁜 일　② 못 한 일　③ 무슨 일　④ 어떤 일

過去問にチャレンジ　＜第36回「ハングル」能力検定試験　筆記問題 4-2)＞

A：담배 (　　)?
B：예, 값도 올랐고 건강에도 안 좋아서요.
① 샀어요　② 껐어요　③ 끊었어요　④ 피웠어요

解答と解説

　語彙（連語含む）について、1～1.5往復の対話形式で問う問題です。用言、副詞を中心に出題されています。名詞の出題は、用言、副詞に比べ多くありません。連語に関する問題では、大問3と同様、日本語の干渉により間違いやすいものや助詞も取り上げられます。対話形式による設問のため、語彙力に加え、文脈を読み取る力が大問3以上に問われます。

1)

A：(④벌써) 열두 시가 됐어요.
　　すでに12時になりました。
B：이제 자야 되는 시간이에요.
　　もう寝なければいけない時間です。

① 전혀（全く、全然）　　② 자꾸（しきりに、何度も）
③ 역시（やはり）　　　　④ 벌써（すでに）

重要ポイント　正解の④벌써は、すでに終わったこと、完了したことを表す副詞です。Bの「이제」は、「今」「もうすぐ」「すでに」の意味で、現在やこれからすることを表す副詞ですので、Bの発言は、「これから寝なければいけない時間です」という意味を持ちます。「벌써」と「이제」は日本語では同じ訳になりますが、このような用法の違いがあるので注意して使い分けましょう。

2)

A：어서 오세요. 무엇을 (②시키시겠습니까)?
　　いらっしゃいませ。何を注文なさいますか?
B：비빔밥 2인분하고 맥주 1병을 주세요.
　　ビビンバ2人分とビール1本をください。

① 받으시겠습니까（受けとられますか）
② 시키시겠습니까（注文なさいますか）
③ 피우시겠습니까（吸われますか）
④ 보내시겠습니까（送られますか）

重要ポイント　正解②の「시키다」には「させる」の意味のほかに、「(食べ物を)注文する」という意味があります。「시켜 먹다」は「注文して食べる」「出前を取る」の意味になります。「-(으)시겠습니까?」は「～なさいますか?」「～されますか?」の意味です。

関連例文 피자를 시켜 먹었어요. (ピザのデリバリーを注文して食べました)

3)

A: 미영 씨, 아르바이트는 (①찾았어요)?
　ミヨンさん、アルバイトは見つかりましたか？
B: 아니요. 없어요.
　いいえ。ありません。
A: 그럼, 제가 소개해 드릴게요.
　では、私が紹介して差し上げましょう。

① 찾았어요 (見つかりましたか)　② 샀어요 (買いましたか)
③ 했어요 (しましたか)　④ 쉬었어요 (休みましたか)

重要ポイント 「찾다」には、探していたものを（が）「見つける」「見つかる」の意味があります。そのほか、「(お金を)おろす」「訪問する」の意味もあるので、あわせて押さえておいてください。Aの「소개해 드릴게요」は、「紹介して差し上げましょう」。「-아/어 드리다」は「～して差し上げる」、「-(으)ㄹ게요」は「～しますからね」「～しますよ」と相手に約束をしたり、話し手の意志を表す語尾です。

関連例文 잃어버린 지갑을 찾았어요. (なくした財布を見つけました)／은행에서 돈을 찾았어요. (銀行でお金をおろしました)／오래간만에 초등학교 때 친구 집을 찾았어요. (久しぶりに小学校の時の友達の家を訪ねました)

4)

A: 오늘은 약속한 시간에 못 갈 겁니다.
　今日は約束した時間に行けないと思います。
B: (③무슨 일)이 있어요?
　何かありますか(＝何かありましたか)？
A: 늦잠을 잤어요.
　寝坊をしました。

① 바쁜 일 (忙しいこと)　② 못 한 일 (できないこと)
③ 무슨 일 (何か)　④ 어떤 일 (どんなこと)

重要ポイント 「約束した時間に行けない」というAが、Bの質問に対しその理由を述べているので、Bは「どうしたんですか？」「何かあるんですか？」という趣旨の内容を尋ねていることが推測できます。そのため正解は③。Aの最初の発言の、「-(으)ㄹ 겁니다」は、「～するつもりです」「～するでしょう」と話者の推測、意志を表す表現です。「-(으)ㄹ 거예요」も同様です。

過去問にチャレンジ

A: 담배 (③끊었어요)?
　タバコをやめましたか？
B: 예, 값도 올랐고 건강에도 안 좋아서요.
　はい、値段も上がったし、健康にも良くないからです。

① 샀어요（買いましたか） ② 껐어요（消しましたか）
③ 끊었어요（やめましたか） ④ 피웠어요（吸いましたか）

重要ポイント 連語の知識を問う問題です。Bの発言の「안 좋아서요」の、「-아/어서요」は「～だからです」と理由を説明する表現です。Aの質問に対しBはタバコに対し否定的な見解を示しているため、正解は③。「끊다」は「切る」「断つ」「継続していたものをやめる」の意味。「피우다」は「(タバコを)吸う」「(火を)起こす」、「(花を)咲かせる」という意味です。

関連例文 관계를 끊다(関係を断つ)／전화를 끊다(電話を切る)

5 置き換え可能表現

練習問題

次の文の意味を変えずに下線部の単語と置き換えが可能なものを①〜④の中から1つ選びなさい。

1) 내일은 꼭 숙제를 내야 합니다.

　　① 늘　　　② 겨우　　　③ 아직　　　④ 반드시

2) 여기에는 아는 사람이 한 명도 없어요.

　　① 전혀　　② 많이　　　③ 자꾸　　　④ 조금

3) 다음 달부터 미국에서 대학 생활을 시작합니다.

　　① 대학을 졸업합니다　　② 대학에 입학합니다
　　③ 대학을 지킵니다　　　④ 대학에 질문합니다

4) 이걸로 오늘 수업을 마치겠습니다.

　　① 끝내겠습니다　　② 지내겠습니다
　　③ 들어가겠습니다　　④ 붙이겠습니다

5) 이번 여름 휴가에는 돈을 모아 세계 여행을 떠나고 싶어요.

　　① 출발하고 싶어요　　② 시작하고 싶어요
　　③ 이기고 싶어요　　　④ 예정하고 싶어요

6) 오늘은 할 일이 많아서 못 만나요.

　　① 편해서　　② 바빠서　　③ 힘들어서　　④ 잊어버려서

7) 그가 하는 말은 이해할 수 없어요.

① 알아들을 수 없어요　② 열 수 없어요
③ 올라올 수 없어요　④ 외울 수 없어요

8) 할머니는 요즘 잠 들지 못해 고생을 많이 하십니다.

① 살 수 없어서　② 걸을 수 없어서
③ 지을 수 없어서　④ 잘 수 없어서

9) 중학생 때는 나쁜 아이들과 어울려 지냈습니다.

① 같이　② 어려서　③ 싸워서　④ 약속해서

過去問にチャレンジ　＜第37回「ハングル」能力検定試験　筆記問題　5-1)＞

돈이 모자라서 못 샀어요.
① 힘들어서　② 쉬어서　③ 적어서　④ 편안해서

解答と解説

　文の意味を変えずに下線部の単語と置き換えが可能なものを選択する問題です。語彙力が問われるのはもちろんですが、文法や熟語の知識が必要な問題も出題されます。文法に関する設問では、後ろに否定形を伴う「전혀」などの特定の副詞や、「-(으)니까」などの語尾の用法を問う問題が出題されています。

1）

내일은 꼭 숙제를 내야 합니다.
明日は必ず宿題を出さなくてはいけません。

① 늘（いつも）　　　　② 겨우（やっと、ようやく）
③ 아직（まだ、やはり）　④ 반드시（必ず、きっと）

正解 ④반드시

重要ポイント　「꼭」は「必ず」「きっと」の意味の副詞です。これと同様の意味を表すのは④반드시（必ず、きっと）で、「確実に」「間違いなく」というニュアンスが含まれます。②겨우は「やっと」「かろうじて」と「わずか」「たった」の意味があります。ちなみに「꼭」は、3級では「ぎゅっと」「しっかり」「ぐっと」「固く」のように、力を入れたり我慢する様子を表す意味も出題範囲になります。
関連例文　그는 반드시 성공할 것이다.（彼は必ず成功するだろう）／숙제가 겨우 끝났어요.（宿題がやっと終わりました）／겨우 천 원（わずか1000ウォン）

2）

여기에는 아는 사람이 한 명도 없어요.
ここには知り合いが1人もいません。

① 전혀（全く、一つも〈～ない〉）　② 많이（たくさん）
③ 자꾸（しきりに、何度も）　　　　④ 조금（少し）

正解 ①전혀

重要ポイント　正解の①전혀は後ろに否定表現をともなって「全く（～ない）」「一つも（～ない）」「少しも（～ない）」という意味を表す副詞です。③자꾸は「しきりに」「何度も」と頻度の高さを表す副詞です。
関連例文　그 사람하고는 전혀 관계가 없어요.（その人とは全く関係があり

ません)／자꾸 눈이 옵니다.(しきりに雪が降ります)

3)

다음 달부터 미국에서 대학 생활을 시작합니다.
来月から、アメリカで大学生活を始めます。

① 대학을 졸업합니다 (大学を卒業します)
② 대학에 입학합니다 (大学に入学します)
③ 대학을 지킵니다 (大学を守ります)
④ 대학에 질문합니다 (大学に質問します)

正解 ②대학에 입학합니다

重要ポイント 「대학 생활을 시작합니다.(大学生活を始めます)」とは「大学に入学する」ことを意味するので②が正解です。

4)

이걸로 오늘 수업을 마치겠습니다.
これで今日の授業を終えます。

① 끝내겠습니다 (終えます)   ② 지내겠습니다 (過ごします)
③ 들어가겠습니다 (入ります)   ④ 붙이겠습니다 (付けます)

正解 ①끝내겠습니다

重要ポイント 「마치다」は「終える」という意味の動詞(他動詞)で、「すべての過程や手続きを残さずやり終える」というニュアンスです。また、「終わる」(自動詞)の意味も持っています。これと同様の意味になるのは①끝내다(終える：他動詞)。ちなみに自動詞「終わる」は、「끝나다」です。

関連例文 시험이 끝났어요.(試験が終わりました)

5)

이번 여름 휴가에는 돈을 모아 세계 여행을 떠나고 싶어요.
今度の夏の休暇には、お金をためて世界旅行に出たいです。

① 출발하고 싶어요 (出発したいです)   ② 시작하고 싶어요 (始めたいです)
③ 이기고 싶어요 (勝ちたいです)   ④ 예정하고 싶어요 (予定したいです)

正 解 ①출발하고 싶어요

重要ポイント 「떠나다」は「出かける」「出発する」という意味の動詞なので①が正解。「여행을 떠나다」は「旅行に出る」、「일본을 떠나다」は「日本を発つ・離れる」、「한국으로 떠나다」は「韓国へ（向かって）出発する」の意味になります。使い方を押さえておきましょう。

6)

오늘은 할 일이 많아서 못 만나요.
今日はすることが多いので会えません。

① 편해서（楽なので）　② 바빠서（忙しいので）
③ 힘들어서（大変なので）　④ 잊어버려서（忘れてしまって）

正 解 ②바빠서

重要ポイント 下線部「할 일이 많아서」の「할 일」は未来連体形で「(これから)すること」の意味です。つまり下線部は「することが多い」の意味なので、同様の意味を表す②바빠서が置き換え可能表現となります。③힘들다は「大変だ」「難しい」「手におえない」の意味。
関連例文 더워서 일하기가 힘들어요.（暑くて仕事をするのが大変です）

7)

그가 하는 말은 이해할 수 없어요.
彼が言う言葉は理解できません。

① 알아들을 수 없어요（理解できません）
② 열 수 없어요（開けません）
③ 올라올 수 없어요（上がってこられません）
④ 외울 수 없어요（覚えられません）

正 解 ①알아들을 수 없어요

重要ポイント 本文の「하는 말은 이해할 수 없어요」の「하는」は、「말하는（言う、話す）」のことです。つまりここでは「話す言葉が理解できません」という意味なので、「理解する」「聞き取る」の意味の「알아듣다」に置き換えが可能です。②열다は「開ける」「開く」の意味の動詞です。열리다（開く、開かれる）と混同しないように注意してください。
関連例文 문이 열리다（ドアが開く）／문을 열다（ドアを開ける）／단어를

외우다（単語を覚える）

8)

할머니는 요즘 잠 들지 못해 고생을 많이 하십니다.
おばあさんは最近眠れなくて、とても苦労をしていらっしゃいます。
① 살 수 없어서 （生きることができなくて）
② 걸을 수 없어서 （歩くことができなくて）
③ 지을 수 없어서 （作ることができなくて）
④ 잘 수 없어서 （寝ることができなくて）

正解 ④잘 수 없어서

重要ポイント　「잠(이) 들다」は「寝付く」という意味の熟語。「잠」は「자다(寝る)」に名詞化の語尾「-(으)ㅁ」が付いて「眠り」を意味する名詞です。「잠이 오다(眠たい)」という表現もよく使うのであわせて押さえておきましょう。

9)

중학생 때는 나쁜 아이들과 어울려 지냈습니다.
中学生の時は悪い子たちと交わって過ごしました。

① 같이 （一緒に）　　② 어려서 （幼くて）
③ 싸워서 （けんかして）　④ 약속해서 （約束して）

正解 ①같이

重要ポイント　「어울려」の辞書形（原形・基本形）は「어울리다」。「交わる」つまり、「付き合う」「共にする」という意味から正解は①같이（一緒に）。「어울리다」にはこのほかにも、「似合う」「調和する」「釣り合う」の意味があります。

過去問にチャレンジ

돈이 모자라서 못 샀어요.
お金が足りなくて買えませんでした。

① 힘들어서 （大変で）　　② 쉬어서 （休んで）
③ 적어서 （少なくて）　　④ 편안해서 （楽で）

重要ポイント　語彙の知識を問う問題です。「모자라다」は「足りない」「十分ではない」の意味なので、これと同様の意味を表す③적어서（少なくて）が正解。「적다（少ない）」は「작다（小さい）」と誤りやすいので注意しましょう。

6 用言の活用

練習問題

下線部の動詞、形容詞の辞書形（原形・基本形）として正しいものを①～④の中から1つ選びなさい。

1) 어제 남편이 밥을 지었어요.

　① 지다　　② 지이다　　③ 지서다　　④ 짓다

2) 친구하고 노래방에 가서 노래를 불렀습니다.

　① 불르다　② 부르다　　③ 부러다　　④ 불라다

3) 약을 먹고 있지만 감기가 안 나아요.

　① 나다　　② 날다　　　③ 낫다　　　④ 나으다

4) 고추가 많이 들어가 있어서 너무 매워요.

　① 매다　　② 매우다　　③ 맵다　　　④ 맵우다

5) 제 이야기부터 잘 들으시죠.

　① 들다　　② 드다　　　③ 들르다　　④ 듣다

6) 한국어를 잘 몰라서 힘들어요.

　① 모라다　② 몰라다　　③ 모르다　　④ 몰르다

7) 역에서 걸으면 20분 정도 걸립니다.

　　① 걷다　　② 걸다　　③ 걸으다　　④ 건다

8) 많은 문제를 푸는 것이 중요합니다.

　　① 푸다　　② 풋다　　③ 풀다　　④ 푸우다

9) 지하철도 좋지만 버스가 더 빨라요.

　　① 빠르다　　② 빨다　　③ 발르다　　④ 빨라다

10) 잘 모르면 물으세요.

　　① 물다　　② 묻다　　③ 물으다　　④ 물르다

過去問にチャレンジ　＜第36回「ハングル」能力検定試験　筆記問題 6-1)＞

자리에 좀 누워도 돼요?
① 누이다　② 눕다　③ 누우다　④ 눕우다

解答と解説

　用言の活用を問う問題です。用言の活用形からその辞書形（原形または基本形）を選択します。4級ではㅂ変格、ㄷ変格、ㅅ変格、ㄹ変格、ㅇ語幹、ㄹ語幹、また「ㅂ」や「ㄷ」で終わる正格用言なども出題されています。さらに、4級で新たに追加される語彙（正格用言）で、過去形などの活用形から辞書形を求めるのが難しい用言、4級で新たに追加される語尾や慣用表現が付いた形から辞書形を求めるのが困難な用言も出題されます。

1）

어제 남편이 밥을 지었어요.
昨日は夫がご飯を炊きました。

正解 ④짓다

重要ポイント　ㅅ変格活用の辞書形を選ぶ問題です。正解の④짓다は、지＋었어요→지었어요と活用します。「밥을 짓다」は「(ご飯を)炊く」という意味の熟語です。「짓다」には、「(家、服、文章などを)作る」「(名前を)付ける」の意味があります。①が正解であれば、活用は「졌어요」となるはずです。ㅅ変格活用の用言に「-아/-어」で始まる語尾(-아/어系語尾)を接続させる際には、「졌어요」のように母音同化が起こらず、「지었어요」となるので注意しましょう。①は「負ける」「敗れる」などの意味。②③は存在しません。

関連例文　글을 짓다（文章を作る）／집을 짓다（家を作る）／이름을 짓다（名前を付ける）

2）

친구하고 노래방에 가서 노래를 불렀습니다.
友達とカラオケルームに行って歌を歌いました。

正解 ②부르다

重要ポイント　르変格活用の辞書形を選ぶ問題です。正解の②부르다は、불러＋었습니다→불렀습니다と活用します。「부르다」には「呼ぶ」「歌う」の意味があります。르変格活用はㅇ語幹と間違えやすいので気を付けましょう。「부르다」がㅇ語幹の用言であれば、「불렀습니다」ではなく、「부렀습니다」となります。「노래방」は「노래(歌)」に部屋を表す「방(房)」が付いた合成語で、「カラオケルーム」です。①③④はともに存在しません。

関連例文　이름을 부르다（名前を呼ぶ）／노래를 부르다（歌を歌う）

3)

약을 먹고 있지만 감기가 안 나아요.
薬を飲んでいますが、風邪が治りません。

正解 ③낫다

重要ポイント ㅅ変格活用の辞書形を選ぶ問題です。正解の③낫다は、나+아요→나아요と活用します。ㅅ変格活用の用言に「-아/-어」で始まる語尾(-아/어系語尾)を接続させる際には、母音同化が起こらないので「나아요」となります。①나다が正解であれば母音同化が起こるので「나요」となるはずです。「낫다」は「治る」「回復する」の意味があります。①나다は「出る」「生じる」「起こる」の意味、②날다は「飛ぶ」。3級指定の語彙ですがあわせて押さえておきましょう。④は存在しません。
関連例文 병이 낫다(病気が回復する)

4)

고추가 많이 들어가 있어서 너무 매워요.
唐辛子がたくさん入っていてとても辛いです。

正解 ③맵다

重要ポイント ㅂ変格活用の辞書形を選ぶ問題です。正解の③맵다は、매우+어요→매워요と活用します。①매다は「結ぶ」の意味があります。3級指定の語彙ですが覚えておきましょう。②④は存在しません。
関連例文 끈을 매다(ひもを結ぶ)/넥타이를 매다(ネクタイを結ぶ)

5)

제 이야기부터 잘 들으시죠.
私の話からよく聞いてください。

正解 ④듣다

重要ポイント ㄷ変格活用の辞書形を選ぶ問題です。ㄷ変格の用言は、「-으」で始まる語尾(-으系語尾)が続くと、語幹末の「ㄷ」が「ㄹ」に変化します。正解④듣다(聞く)は、들+으시죠→들으시죠と活用します。①들다が正解であればㄹ語幹の用言なのでㄹが脱落して「드시죠」となるはずです。「-(으)시죠」は、「~なさってください」「~しましょう」「~なさいませんか」のように依頼や勧誘を表す語尾です。「제 이야기부터 잘 들으시죠.(私の話からよくお聞きくだ

さい）」は、つまり「まずは私の話をよくお聞きください」の意味です。①들다には「上げる」と「持つ」「食べる」の意味があります。②③は存在しません。

関連例文 손을 들다（手を上げる）／짐을 들어 올리다（荷物を持ち上げる）／많이 드세요（たくさん召し上がってください）

6)

한국어를 잘 몰라서 힘들어요.
韓国語がよく分からないので大変です。

正解 ③모르다

重要ポイント 르変格活用の辞書形を選ぶ問題です。르変格の用言は、「-아/-어」で始まる語尾（-아/어系語尾）が続くと、「르」が「-ㄹ라」または「-ㄹ러」に変化します。正解の③모르다（知らない、分からない）は、모＋ㄹ라＋아/어서→몰라서と活用します。①②④は存在しません。

7)

역에서 걸으면 20분 정도 걸립니다.
駅から歩くと20分ほどかかります。

正解 ①걷다

重要ポイント ㄷ変格活用の辞書形を選ぶ問題です。②が正解であれば、ㄹ語幹のため「걸면」と活用するはずです。語幹末が「ㄹ」であるにもかかわらず「걸으면」となっているので、ㄷ変格活用の用言「걷다」の語幹末「ㄷ」が「ㄹ」に変化したことが分かります。②걸다は「かける」、「정도」は「程度」「くらい」「ほど」の意味です。③④は存在しません。

関連例文 말을 걸다（言葉をかける）／전화를 걸다（電話をかける）

8)

많은 문제를 푸는 것이 중요합니다.
たくさんの問題を解くことが重要です。

正解 ③풀다

重要ポイント ㄹ語幹用言の辞書形を選ぶ問題です。連体形の語尾「-는」によって「ㄹ」が脱落しているので正解は③풀다です。「풀다」には「解く」「ほどく」「解放する」と「和らげる」「ほぐす」、さらに「(鼻を)かむ」の意味があります。

関連例文 문제를 풀다(問題を解く)／코를 풀다(鼻をかむ)

9)

지하철도 좋지만 버스가 더 빨라요.
地下鉄もいいですが、バスがさらに速いです。

正解 ①빠르다

重要ポイント 르変格活用の辞書形を選ぶ問題です。르変格活用の用言に「-아/-어」で始まる語尾(-아/어系語尾)が続くと、「르」が「-ㄹ라」または「-ㄹ러」に変化します。正解①빠르다(速い、早い)は、빠+ㄹ라+아/어요→빨라요と活用します。「더」は「もっと」「さらに」の意味。「더욱」も同様の意味です。②빨다は「洗濯する」で3級指定語彙です。③④は存在しません。

10)

잘 모르면 물으세요.
よく分からなければ聞いてください。

正解 ②묻다

重要ポイント ㄷ変格活用の辞書形を選ぶ問題です。①물다が正解であれば、ㄹ語幹のため「무세요」となります。語幹末がㄹであるにもかかわらず、「물으세요」となっているので、ㄷ変格活用の用言「묻다」の語幹末「ㄷ」が「ㄹ」に変化したことが分かります。「묻다」は「尋ねる」「問う」の意味で、①물다は「かむ」(3級指定語彙)の意味です。

関連例文 이름을 묻다(名前を尋ねる)／개가 물다(犬がかみつく)

過去問にチャレンジ

자리에 좀 누워도 돼요?
ちょっと横になってもいいですか?

正解 ②눕다

重要ポイント ㅂ変格活用の辞書形を選ぶ問題です。正解②눕다(寝る、横になる)は、누우+어도→누워도と活用します。「자리에 눕다」は「横になる」「床につく」という意味の熟語です。①누이다は「寝かせる」、③④は存在しません。

7 助詞・語尾・慣用表現

練習問題

(　　)の中に入れるのに適切なものを①〜④の中から1つ選びなさい。

1) 이 손수건, 친구(　　) 받았어요.

　① 밖에　　② 부터　　③ 처럼　　④ 한테서

2) 죄송해요. 식사 중(　　) 메일을 보내지 못했어요.

　① 이라고　　② 여도　　③ 이라도　　④ 이라서

3) 감기에 걸렸어요. 그래서 내일 병원에 (　　) 합니다.

　① 가려고　　② 가러　　③ 가니까　　④ 가서

4) A: 밖이 너무 추워요.
　 B: 그럼 옷을 따뜻하게 (　　).

　① 입으셔야 해요　　② 입지 마세요
　③ 입어 보고 싶어요　　④ 입으면 안 돼요

5) A: 점심에 무엇을 (　　)?
　 B: 난 라면을 먹고 싶어요.

　① 먹거든요　　② 먹을까요　　③ 먹읍시다　　④ 먹을게요

6) A: 미원 씨, 내 안경이 어디에 있어요?
   B: 책상 위를 (   ).

   ① 찾아 보시죠   ② 찾아 보고 싶어요
   ③ 찾는 일도 아니잖아요 ④ 찾아 주면 안 돼요

7) A: 주말에 영화를 보러 가고 싶어요.
   B: 이 일을 다 (   ) 가시죠.

   ① 끝낸 가운데   ② 끝낸 결과
   ③ 끝낸 후에   ④ 끝낸 끝에

過去問にチャレンジ　＜第37回「ハングル」能力検定試験　筆記問題　7-1)＞

인터넷 (   ) 재미있는 것은 처음이에요.
① 밖에　② 처럼　③ 께서　④ 부터

解答と解説

　助詞、語尾、慣用表現の意味や用法について、文形式と対話形式で問う文法問題です。1～2文で構成された文章の穴埋めをする問題が1、2問、1～1.5往復の対話文中の穴埋めをする問題が2、3問出題されます。特に対話形式の問題では、対話の流れを正しく理解する力が問われます。選択肢には文法的に正しくない表現も含まれているので注意しましょう。また、実際に日常会話で用いるような場面が設定されているので、会話力も同時に問われます。

1)

이 손수건, 친구(④한테서) 받았어요.
このハンカチ、友達からもらいました。

① 밖에（しか）　② 부터（から）　③ 처럼（のように）　④ 한테서（から、に）

重要ポイント 助詞の用法を問う問題です。正解の④한테서は、「(人・動物)から」「(人・動物)に」の意味です。「에게서」と同じ意味ですが、「한테서」は話し言葉で、「에게서」は書き言葉で主に使われます。①밖에は後ろに否定表現を伴って「～しか(～ない)」の意味です。②부터は起点や順序を表す助詞、③처럼は人や物をあるものに例えるときに用い、「같이(～のように)」に置き換えることができます。
関連例文 아는 사람은 한 사람밖에 없었어요. (知り合いは1人しかいませんでした)

2)

죄송해요. 식사 중(④이라서) 메일을 보내지 못했어요.
申し訳ありません。食事中なのでメールを送れませんでした。

① 이라고（だと）　② 여도（であっても）　③ 이라도（でも）　④ 이라서（なので）

重要ポイント 助詞、語尾の用法を問う問題です。④이라서は「～なので」「～だから」と理由を表す助詞。冒頭で謝罪の言葉があり、空欄の前に、メールを送れなかった理由が述べられています。①이라고は「～と」「～だと」。人から聞いた内容を伝えたり、自分の考えや意見を表したりする表現で、「～이라고 하다 (～という)」の形でよく使われます。「-고」は省略できます。②여도は指定詞「이다」の語幹「이」に語尾「-아/어도」が付いた形。母音同化して이어도→여도。「-아/

어도」は「〜しても」「〜であっても」と仮定や譲歩の意味を表します。③이라도は「〜でも」「〜さえも」の意味を表す助詞で、「누구 (誰)」「무엇 (何)」に接続して「誰でも」「何でも」のように、どの場合でも同じであることを表します。また、「라면이라도 먹을까요? (ラーメンでも食べますか?)」のように、「最善の選択ではないものの、それなりによい」という意味も表します。

3)

감기에 걸렸어요. 그래서 내일 병원에 (①가려고) 합니다.
風邪をひきました。それで明日病院に行こうと思います。

① 가려고 (行こうと)　② 가러 (行くために)
③ 가니까 (行くので)　④ 가서 (行って)

重要ポイント 語尾の用法を問う問題です。正解の①-(으)려고は「〜しようと」「〜するつもりで」のように、ある行為の意図を表し、「-(으)려고 하다 (〜しようと思う)」「-(으)려고 들다 (まさに〜しようとする)」の形でよく使います。どちらも「-고」を省略して「-(으)려 하다」「-(으)려 들다」と表現できますが、「-(으)려」の後ろに「하다」「들다」以外の動詞がくるときには「-고」を省略できません。(○)지금 떠나려 하다.(今出かけようと思う)／(×)의사가 되려 공부하다.(医者になろうと勉強する)。②-(으)러は「〜しに」と移動の目的を表す語尾。後ろにくるのは「가다」や「오다」「나가다」など移動を表す動詞のみです。③-(으)니까は「〜するから」「〜ので」と理由を表したり、「〜すると」「〜したら」と前提を表す語尾で、「-(으)니*3」と置き換えられます。④-(아/어)서は「〜して(…する)」のように、2つの行為を時間の順序に従ってつないだり、「〜なので」と、行為や状態の理由や原因を表す語尾。「-(으)니까」のように、後ろに勧誘や命令の内容はくることができないので注意しましょう。

関連例文 오늘은 피곤하니까 내일 이야기를 합시다. (今日は疲れているので、明日お話をしましょう)／아침에 일어나서 세수를 합니다. (朝起きて、顔を洗います)

4)

A: 밖이 너무 추워요.
　　外がとても寒いです。
B: 그럼 옷을 따뜻하게 (①입으셔야 해요).
　　では服を暖かく着なければなりません。

① 입으셔야 해요 (着なければなりません)　② 입지 마세요 (着ないでください)
③ 입어 보고 싶어요 (着てみたいです)　④ 입으면 안 돼요 (着てはいけません)

重要ポイント 慣用表現の用法を問う問題です。①-(아/어)야 하다は「～しなくてはならない」「～すべきだ」と、ある行為や状況の義務や必要性を示す表現で、「-(아/어)야 되다」と同様です。②-지 마세요は「～しないでください」と、行為の禁止を丁寧に依頼する表現。「-지 마십시오」と同様です。③-(아/어)보고 싶다は「～してみたい」、④-(으)면 안 되다「～しては(～では)いけない」で、「-(으)면 되다」は「～すれば(であれば)いい」の意味です。

5)

A: 점심에 무엇을 (②먹을까요)?
   昼に何を食べましょうか？
B: 난 라면을 먹고 싶어요.
   私はラーメンを食べたいです。

① 먹거든요 (食べるんですよ)　② 먹을까요 (食べましょうか)
③ 먹읍시다 (食べましょう)　④ 먹을게요 (食べますね)

重要ポイント 語尾の用法を問う問題です。②-(으)ㄹ까요?は「～しましょうか？」「～するでしょうか？」と、相手に質問したり、推測の意味を表す語尾です。Bが「ラーメンを食べたい」と自分の希望を述べているので、質問者のAが「何が食べたいか？」と質問をしている状況であることが分かります。①-거든요は質問に対する答えや、前に話されている内容に対する理由や事実を説明したり、その後ろに話が続いたりすることを表す語尾です。③-(으)ㅂ시다は「～しましょう」と勧誘や「～してください」と依頼を表す語尾。④-(으)ㄹ게요は「～しますからね」「～しますよ」と話し手の意志を表したり相手に約束をするときに使う語尾です。

関連例文 요즘 바쁘거든요. 그래서 내일은 못 만나요. (最近忙しいんですよ。だから明日は会えないんです)

6)

A: 미원 씨, 내 안경이 어디에 있어요?
   ミウォンさん、私のメガネはどこにありますか？
B: 책상 위를 (①찾아 보시죠).
   机の上をお探しになってみてください。

① 찾아 보시죠 (お探しになってみてください)
② 찾아 보고 싶어요 (探してみたいです)
③ 찾는 일도 아니잖아요 (探すことでもないじゃないですか)
④ 찾아 주면 안 돼요 (探してあげてはいけません)

重要ポイント ①-(으)시죠は「~なさってください」と相手に丁寧に依頼したり、「~しましょう」と勧誘する意味をもつ慣用表現です。③-는 일도 아니잖아요は「~することでもないじゃないですか」。「-(으)ㄴ 일도 아니잖아요」であれば、「~したことでもないじゃないですか」と過去形に、「-(으)ㄹ 일도 아니잖아요」ならば「(これから)~することでもないじゃないですか」と未来のことに対する表現になります。

7）

A：주말에 영화를 보러 가고 싶어요.
　　週末に映画を見に行きたいです。
B：이 일을 다 (③끝낸 후에) 가시죠.
　　この仕事を全部終えた後に行きましょう。

① 끝낸 가운데 (終えた最中に)　② 끝낸 결과 (終えた結果)
③ 끝낸 후에 (終えた後に)　　④ 끝낸 끝에 (終えた挙句、終えた末に)

重要ポイント 慣用表現の用法を問う問題です。正解③끝낸 후에 (終えた後に)の「-(으)ㄴ 후에」は「~した後に」「~してから」の意味。④끝낸 끝에 (終えた挙句)と迷うかもしれませんが、「-(으)ㄴ 끝에」は「~した末に」「~した挙句」のように、前の文の動作が終了したとともに終えるまでの過程で多くの努力と苦労を要したことを表したり、前の動作の結果、それが達成された内容が後ろにくる表現です。①끝낸 가운데 (終えた最中に)の「-(으)ㄴ 가운데」は「~した最中に」「~である中で」。「-는 가운데」は「~する中で」「~する間に」。

関連例文 긴 이야기를 한 끝에 서로의 마음을 알게 됐어요. (長い話をした末に、お互いの気持ちが分かるようになりました)

過去問にチャレンジ

인터넷 (②처럼) 재미있는 것은 처음이에요.
インターネットのように面白いものは初めてです。

① 밖에 (しか)　② 처럼 (のように)　③ 께서 (が)　④ 부터 (から)

重要ポイント 助詞の意味と用法を問う問題です。①밖에は否定表現とともに用いて「~しか(~ない)」の意味です。③께서は助詞「이/가」の尊敬語なので、主語には尊敬されるべき年長者や、両親、祖父母といった年上の家族、先生などの人物がきます。また④부터 (~から) は起点や順序を表す助詞です。

関連例文 조금밖에 없습니다. (少ししかありません)／작년부터 서울에 살고 있어요. (去年からソウルに住んでいます)

出題パターン別練習問題

筆記問題

8 あいさつ・あいづち表現

練習問題

次の場面や状況において最も適切なあいさつ言葉を①～④の中から1つ選びなさい。

1) 自分が登校するとき。
   ① 다녀오겠습니다.　　② 다녀오세요.
   ③ 신세 많이 졌습니다.　　④ 수고하셨습니다.

2) 相手からの提案を断るとき。
   ① 뭘요.　　② 맞다.　　③ 됐어요.　　④ 그럼요.

3) 昇進した人にお祝いを言うとき。
   ① 축하드립니다.　　② 새해 복 많이 받으십시오.
   ③ 안녕히 주무셨어요?　　④ 수고하십니다.

4) 客が注文した食事を、店員が出すとき。
   ① 잘 먹겠습니다.　　② 많이 드세요.
   ③ 잘 먹었습니다.　　④ 잘못했어요.

5) 人にお礼を言われたとき。
   ① 됐습니까?　　② 글쎄요.
   ③ 잠시만요.　　④ 무슨 말씀을요.

過去問にチャレンジ ＜第36回「ハングル」能力検定試験 筆記問題 8-2)＞

夜、寝る前。
① 안녕히 주무십시오.　　② 안녕히 주무셨어요?
③ 신세 많이 졌습니다.　　④ 무슨 말씀을요.

解答と解説

　提示された場面や状況に合ったあいさつやあいづちなどの定型文を選ぶ問題です。『トウミ』には、代表的なあいさつなどの表現が「あいさつ・あいづちなど」のリストとして掲載されていますが、大問⑧ではこのリストの中の表現がそのまま出題されている上に、同じ表現が毎回繰り返し登場しています。これらの表現は、訳とともに「誰が」「誰に」「どのような場面や状況で」使うかを整理しながら学習しましょう。

1）

自分が登校するとき。
① 다녀오겠습니다.（行ってきます）
② 다녀오세요.（行ってらっしゃい）
③ 신세 많이 졌습니다.（大変お世話になりました）
④ 수고하셨습니다.（ご苦労さまでした／お疲れさまでした）

正解 ①다녀오겠습니다.

重要ポイント　「外出する人が、その場に残る人に対してするあいさつ」を選ぶ問題です。②は、その場に残る人が、外出する人に対してかける言葉。③は、人に世話になったときにするあいさつです。「신세를 지다」で「世話になる」。「신세 많이 졌습니다.」は「大変お世話になりました」の意味になります。④は仕事を終えた人などに対するねぎらいの言葉です。

2）

相手からの提案を断るとき。
① 뭘요.（いえいえ／とんでもないです）　② 맞다.（あ、そうだ／そうだった）
③ 됐어요.（結構です／いいです）　④ 그럼요.（もちろんですとも）

正解 ③됐어요.

重要ポイント　正解の③됐어요は『トウミ』では「結構です」「いいです」と訳されていますが、非常に広い用途で使われる表現です。相手の行動や言動を拒否・拒絶し、「もうこれ以上は必要ない」という状況でも用いられます。①뭘요はお礼を言われたときに返す一言で、「무슨 말씀을요.」も同じ意味を持つ表現です。「뭘요」の発音は［뭘료］（ㄴ挿入＋流音化：［뭘뇨］→［뭘료］）。②맞다は急に何かを思い出したとき、④그럼요は相手の意見に同意するときの表現です。発音は［그럼뇨］（ㄴ挿入）となります。

3）

昇進した人にお祝いを言うとき。
① 축하드립니다. （おめでとうございます）
② 새해 복 많이 받으십시오. （明けましておめでとうございます）
③ 안녕히 주무셨어요? （よくお休みになれましたか?）
④ 수고하십니다. （お疲れさまです）

正解 ①축하드립니다.

重要ポイント 正解①の「축하」は漢字語で「祝賀」、「드리다」は「差し上げる」なので、直訳すると「祝賀して差し上げます」。従って「おめでとうございます」というお祝いの表現になります。②は新年のあいさつ（直訳：新年の福をたくさんもらってください）。③は目上の人に対する朝のあいさつです。④수고하십니다.（お疲れさまです／ご苦労さまです）は現在形なので、仕事中の人にかけるねぎらいの言葉。「수고하세요.」とも表現します。

4）

客が注文した食事を、店員が出すとき。
① 잘 먹겠습니다. （いただきます）
② 많이 드세요. （たくさん召し上がってください）
③ 잘 먹었습니다. （ごちそうさまでした）
④ 잘못했어요. （間違えました）

正解 ②많이 드세요.

重要ポイント 正解②の「드세요」は、「들다（食べる）」の尊敬形です。「들다」に尊敬の語尾「-(으)시-」が付いた「드시다（召し上がる）」なので、②は「たくさん召し上がってください」となります。『トウミ』の「あいさつ・あいづちなど」のリストには掲載されていませんが、「들다」の関連情報欄に掲載されています。①の「잘 먹겠습니다.」は食事前、③の「잘 먹었습니다.」は食後に使います。④の「잘못했어요.」は、「잘못하다（間違う／誤りを犯す）」という意味の一単語で、「잘 못하다」のように分かち書きをすると、「下手だ」の意味になります。

関連例文 나는 요리를 잘 못해요. （私は料理が下手です）

5）

人にお礼を言われたとき。
① 됐습니까? （よろしいですか?／いいですか?）　② 글쎄요. （さあ…）
③ 잠시만요. （お待ちください）　④ 무슨 말씀을요. （とんでもないです）

正 解 ④무슨 말씀을요.

重要ポイント　正解④の「말씀」は「말」の尊敬・謙譲語で「お言葉」「お話」の意味です。直訳すると「何のお話でしょうか」となり、そこから、お礼を言われたときに「とんでもないです」、また褒められたときに「何をおっしゃいますか」と相手に返す言葉として使います。「말씀을요」の発音は、「ㄴ挿入＋流音化」により、[말씀을뇨]→[말쓰믈료]となります。①됐습니까?は「(もう) 十分ですか？」「(もう) いいですか？」の意味。②글쎄요は相手への返答に困ったり、即答できないとき、返事を濁すときに用いる表現で、「글쎄」だけだと「さあね」とぞんざいな表現になります。③잠시만요は相手に待ってもらったり、「ちょっとすみません」と道を開けてもらったりするときに使う言葉です。

過去問にチャレンジ

夜、寝る前。
① 안녕히 주무십시오. （おやすみなさい）
② 안녕히 주무셨어요? （よくお休みになれましたか？）
③ 신세 많이 졌습니다. （大変お世話になりました）
④ 무슨 말씀을요. （何をおっしゃいますか）

正 解 ①안녕히 주무십시오.

重要ポイント　「夜、寝る前」にするあいさつ、つまり「おやすみなさい」に当たる表現としてふさわしいものを選ぶ問題です。①②には「자다（寝る）」の尊敬語である「주무시다（お休みになる）」が使われているため、このどちらかに正解が絞れます。②안녕히 주무셨어요?（よくお休みになれましたか？）は目上の人に対して朝起きたときにかけるあいさつ、つまり「おはようございます」の意味を持つ表現です。①안녕히 주무십시오.（おやすみなさい）は目上の人がこれから寝る際にかけるあいさつです。この２つの表現は、過去に繰り返し出題されている頻出表現ですのでしっかり押さえておきましょう。

出題パターン別練習問題

筆記問題 9 対話文完成

練習問題

(　　) の中に入れるのに最も適切なものを①～④の中から1つ選びなさい。

1) A: 여기서 전화를 해도 됩니까?
　 B: (　　　　　　　　　)

① 전화번호를 몰라요.
② 네, 전화 받았어요.
③ 몇 시에 걸면 돼요?
④ 밖에서 걸어 주시겠습니까?

2) A: 오늘은 아침부터 계속 목이 아프거든요.
　 B: (　　　　　　　　　)

① 노래를 부르지 않으시겠어요?
② 배가 아파서 힘드시죠?
③ 혹시 감기에 걸렸어요?
④ 그제도 저녁때 술을 마셨어요?

3) A: 이게 내가 만든 된장국이에요. 입에 맞아요?
　 B: (　　　　　　　　　)
　 A: 그래요? 미안해요. 그럼 다음엔 더 맛있게 만들어 줄게요.

① 좀 짠 것 같아요.
② 아주 맛이 있어요.
③ 배가 너무 고파요.
④ 어떻게 만들었어요?

4) A: 이 치마는 어때요? 아까 입으신 것보다 더 어울려요.
　　B: 좀 더 색깔이 밝고 싼 것이 있으면 좋겠어요.
　　A: (　　　　　　　　　　　)

　　① 예쁜 옷을 입으셨네요.
　　② 이 옷이 더 비쌉니다.
　　③ 다른 옷은 보여 드릴 수 없어요.
　　④ 그러면 이것은 어떠세요?

5) A: 선생님, 내일은 수업에 좀 늦을 것 같습니다.
　　B: 왜요? 무슨 일이 있어요?
　　A: (　　　　　　　　　　) 죄송합니다.

　　① 기다리고 있으니까 꼭 오십시오.
　　② 아침에 병원에 가야 되기 때문입니다.
　　③ 공부하기 싫어서 학교는 가기 힘들어요.
　　④ 몸이 아파서 가고 싶어도 못 갔습니다.

過去問にチャレンジ　＜第36回「ハングル」能力検定試験　筆記問題　9-1)＞

A: 이거 받으세요. 생일 선물이에요.
B: 고마워요. (　　　　)?
A: 혜연 씨한테서 들었거든요.
① 어떻게 아셨어요
② 풀어 봐도 돼요
③ 어떻게 알아야 해요
④ 풀어 보시겠어요

解答と解説

1〜1.5往復の対話文において、空欄に入れるのに適切な選択肢を選び対話文を完成させる問題です。それぞれの問題ごとに単語力や文法力が問われ、部分的にではなく対話文全体の流れから正解を導くよう作成されています。

1)

A: 여기서 전화를 해도 됩니까?
　　ここで電話をしてもいいですか?
B: (④밖에서 걸어 주시겠습니까?)
　　外でかけてくださいますか?

① 전화번호를 몰라요. (電話番号を知りません)
② 네, 전화 받았어요. (はい、電話をもらいました)
③ 몇 시에 걸면 돼요? (何時にかければいいですか?)
④ 밖에서 걸어 주시겠습니까? (外でかけてくださいますか?)

重要ポイント Aの「해도 됩니까?」の「-아/어도 되다」は、「〜しても（でも）いい」「〜しても（でも）構わない」の意味を表す慣用表現で、「-아/어도 좋다」「-아/어도 괜찮다」とも表現されます。ここでは「〜してもいいですか?」と許可を求める意味になります。「電話をしてもいいですか?」と許可を請うAに対し、「外でかけてください」と間接的な拒否表現をしている④が正解。「-아/어 주시겠습니까?」は「〜してくださいますか?」と相手に丁寧に依頼する慣用表現です。③の「-(으)면 되다」は「〜すればいい」「〜であればいい」の意味です。

2)

A: 오늘은 아침부터 계속 목이 아프거든요.
　　今日は朝からずっと喉が痛いんですよ。
B: (③혹시 감기에 걸렸어요?)
　　ひょっとして風邪をひきましたか?

① 노래를 부르지 않으시겠어요? (歌をお歌いになりませんか?)
② 배가 아파서 힘드시죠? (おなかが痛くておつらいでしょう?)
③ 혹시 감기에 걸렸어요? (ひょっとして風邪をひきましたか?)
④ 그제도 저녁때 술을 마셨어요? (おとといも夕食時にお酒を飲みましたか?)

重要ポイント Aの「-거든요」は、事実を説明したり、また尋ねられた内容に対

して、その理由を述べる際に使います。「朝から喉が痛い」と、自分の現在の状況を説明するAに対し、Bがその原因を推測する内容の③が正解。④はユ제=그저께（おととい）ではなく、어제（昨日）であれば時間の流れとしてはあり得るので（昨日お酒を飲んで今日喉が痛い）、正解としても考えられます。「ユ제」と「어제」を混同しないように注意しましょう。

3)

A：이게 내가 만든 된장국이에요. 입에 맞아요?
　　これは私が作ったみそ汁です。口に合いますか？
B：(①좀 짠 것 같아요.)
　　少し塩辛いようです。
A：그래요? 미안해요. 그럼 다음엔 더 맛있게 만들어 줄게요.
　　そうですか？ ごめんなさい。では次はもっとおいしく作ってあげますね。

① 좀 짠 것 같아요. （少し塩辛いようです）
② 아주 맛이 있어요. （とてもおいしいです）
③ 배가 너무 고파요. （おなかがとても空いています）
④ 어떻게 만들었어요? （どのように作りましたか？）

重要ポイント　Aが「미안해요（ごめんなさい）」と言っているので、空欄には「おいしい」とは距離があり、かつ味に関する表現が入ることが推測できます。そのため、正解は①です。

4)

A：이 치마는 어때요? 아까 입으신 것보다 더 어울려요.
　　このスカートはいかがですか？ 先ほど着られたものよりさらにお似合いです。
B：좀 더 색깔이 밝고 싼 것이 있으면 좋겠어요.
　　もう少し色が明るくて安いものがあればよいです。
A：(④그러면 이것은 어떠세요?)
　　それではこれはいかがですか？

①예쁜 옷을 입으셨네요. （きれいな服を着ていらっしゃいますね）
②이 옷이 더 비쌉니다. （この服がさらに高いです）
③다른 옷은 보여 드릴 수 없어요.
　（ほかの服は見せて差し上げることができません）
④그러면 이것은 어떠세요? （それではこれはいかがですか？）

重要ポイント　洋服店での店員と客の会話です。Bが「もう少し色が明るくて安いものがあればよいです」とほかの商品を要求しているので、それに応じてい

る返答の④が正解。③の「보여 드릴 수 없어요」の「-아/어 드리다」は「～して差し上げる」という意味の謙譲表現です。

5)

A: 선생님, 내일은 수업에 좀 늦을 것 같습니다.
　　先生、明日は授業に少し遅れそうです。
B: 왜요? 무슨 일이 있어요?
　　どうしてですか？　何かあるんですか？
A: (②아침에 병원에 가야 되기 때문입니다.) 죄송합니다.
　　朝、病院に行かなければならないからです。申し訳ありません。

① 기다리고 있으니까 꼭 오십시오.
　　(待っているので必ず来てください)
② 아침에 병원에 가야 되기 때문입니다.
　　(朝、病院に行かなければならないからです)
③ 공부하기 싫어서 학교는 가기 힘들어요.
　　(勉強するのが嫌なので、学校は行くのがつらいです)
④ 몸이 아파서 가고 싶어도 못 갔습니다.
　　(具合が悪いので、行きたくても行けませんでした)

重要ポイント　先生と生徒の会話です。「明日は授業に遅れる」と伝える生徒に対し、先生が「どうしてですか？」とその理由を尋ねているので、生徒はその理由を答えるのが自然な流れです。そのため理由や原因を表す「-기 때문이다（～だからです）」を使った②が正解。「-기 때문에」は「～するので」「～なので」「～するから」「～であるから」の意味で、体言に付くときには、「- 때문에」「- 때문이다」となります。

関連例文　감기 때문에 학교에 못 갔어요. (風邪のため学校に行けませんでした)

過去問にチャレンジ

A：이거 받으세요. 생일 선물이에요
　　これどうぞ。誕生日プレゼントです。
B：고마워요. (①어떻게 아셨어요)?
　　ありがとうございます。どうして分かったんですか?
A：혜연 씨한테서 들었거든요.
　　ヘヨンさんから聞いたんですよ。

① 어떻게 아셨어요　(どうして分かったんですか)
② 풀어 봐도 돼요　(開けてみてもいいですか)
③ 어떻게 알아야 해요　(どうやって理解しなくてはいけませんか)
④ 풀어 보시겠어요　(開けてみますか)

重要ポイント　対話文の最後にAが「ヘヨンさんから(Bの誕生日を)聞いたんですよ」と言っているので、AがBについての情報を得たことが分かります。そのため「どうして(私の誕生日が)分かったんですか?」と尋ねている①が正解です。②はプレゼントをもらったBが言っても不自然ではない言葉ですが、その次のAの言葉とは対話になりません。「풀다」は「解く」「ほどく」で、荷物や包みなどを「開ける」の意味になります。④はプレゼントをあげたAが言うべき言葉です。

10 長文読解

練習問題 ①

文を読んで、問いに答えなさい。

　어제 중학교 때 친구하고 오래간만에 만나서 같이 연극을 보러 갔습니다. 연극이 끝난 후 우리는 배가 많이 고팠습니다. (　　　) 한국 요리점에 가서 한국 음식을 먹었습니다. 우리는 매운 음식을 참 좋아합니다. 식사를 하고 있는 중에 중학교 때 있었던 일을 많이 이야기했습니다. 옛날 친구하고 연극을 보고 식사도 하고 우리는 꿈 같은 시간을 지냈습니다.

1）（　　　）に入れるのに適切なものを①～④の中から1つ選びなさい。

　① 그리고　② 그래서　③ 그러면　④ 그렇지만

2）本文の内容と一致するものを①～④の中から1つ選びなさい。

　① 옛날 친구하고 이야기를 나누었습니다.
　② 어제는 참 좋은 꿈을 꾸었습니다.
　③ 영화를 본 뒤 한국 요리를 먹었습니다.
　④ 친구는 매운 음식을 못 먹었습니다.

練習問題 ②

文を読んで、問いに答えなさい。

　저는 올해 3월부터 한국에서 한국어를 공부하고 있습니다. (　)에 와서 벌써 석 달 지났습니다. (　)에 오기 전에는 한국어는 전혀 못 하고 친구도 없어서 힘들었습니다. 그러나 요즈음은 그렇지 않습니다. 한국말이 많이 늘었고 한국인들이 하는 말도 천천히 말해 주면 이해를 못하는 것이 거의 없습니다. 그리고 한국인 친구들도 생겼습니다. 한국인 친구가 자주 집에 놀러 와서 가슴이 따뜻합니다. 가끔 친구들이 저를 여러 가지로 도와줍니다. 그래서 <u>지금은 아주 편합니다.</u>

1）(　)に共通して入るものを①～④の中から1つ選びなさい。

　　① 여기　　② 거기　　③ 저기　　④ 어디

2）下線部'지금은 아주 편합니다.'の理由に当てはまるものを①～④の中から1つ選びなさい。

　　①한국사람이 하는 말을 알아듣지 못합니다.
　　②한국인 친구가 이것저것 힘을 빌려 줍니다.
　　③한국인 친구하고 거의 말을 안 합니다.
　　④한국인 친구의 집은 방이 아주 따뜻합니다.

解答と解説

　長文読解問題です。文章を読んで、2つの問いに答える形式です。設問は、内容一致、指示詞が指すものの選択、穴埋めなどです。単純に語彙の意味を問うような設問はなく、選択肢に本文中の表現の同意語や反意語が使用されるなど、応用力が問われる問題です。長文読解の力を養うためには、まず語彙力が必要です。『トウミ』の単語リストの関連情報欄には同意語や反意語も掲載されていますので、丁寧に目を通し学習を進めましょう。

①

　어제 중학교 때 친구하고 오래간만에 만나서 같이 연극을 보러 갔습니다. 연극이 끝난 후 우리는 배가 많이 고팠습니다. (②그래서) 한국 요리점에 가서 한국 음식을 먹었습니다. 우리는 매운 음식을 참 좋아합니다. 식사를 하고 있는 중에 중학교 때 있었던 일을 많이 이야기했습니다. 옛날 친구하고 연극을 보고 식사도 하고 우리는 꿈 같은 시간을 지냈습니다.

　昨日は中学校の時の友達と久しぶりに会って、一緒に演劇を見に行きました。演劇が終わった後、私たちはとてもおなかがすきました。それで韓国料理店へ行って、韓国料理を食べました。私たちは辛い食べ物がとても好きです。食事をしながら中学校の時にあったことをたくさん話しました。昔の友達と演劇を見て、食事もして、私たちは夢のような時間を過ごしました。

語彙 오래간만에＝오랜만에（久しぶりに）／연극（演劇）／-(으)러（～しに：後ろに가다, 오다など移動を表す動詞がくる）／끝난 후（終わった後：끝나다＋-(으)ㄴ 후）／매운【ㅂ変格】(辛い：맵다の連体形)／-는 중에（～しているところで、～しているところに、～の最中で、～の最中に）／중학교 때 있었던 일（中学校の時にあったこと：-았/었던は、形容詞・指定詞の過去連体形）／지내다（過ごす、暮らす、付き合う）／-(으)ㄴ 뒤(에)（～した後に、～してから）／이야기를 나누다（話を交わす）

1)
① 그리고（そして）　　　　　　　② 그래서（それで、だから）
③ 그러면（それなら、そうすれば）　④ 그렇지만（しかし、でも）

正解 ②그래서

重要ポイント 適切な接続詞を選択する問題です。空欄の直前の「私たちはとてもおなかがすきました」と、直後の「韓国料理店へ行って、韓国料理を食べました」の内容をつなぐのは、前の内容が後ろの内容の理由や原因になるときに使われる接続詞②그래서です。「식사를 하고 있는 중에」は直訳すると「食事をしている間に」。

2)
① 옛날 친구하고 이야기를 나누었습니다.（昔の友達と話をしました）
② 어제는 참 좋은 꿈을 꾸었습니다.（昨日は本当に良い夢を見ました）
③ 영화를 본 뒤 한국 요리를 먹었습니다.（映画を見た後に韓国料理を食べました）
④ 친구는 매운 음식을 못 먹었습니다.（友達は辛い食べ物を食べられませんでした）

正解 ①옛날 친구하고 이야기를 나누었습니다.

重要ポイント 選択肢の内容が本文の内容と一致しているか否かを問う問題です。①は「이야기를 나누었습니다.」の表現が理解できるかがポイントです。「이야기를 나누다（話を交わす）」は本文中の「이야기하다」と同意で、本文では「昔の友達と中学校の時の話をたくさんした」と書かれているので、①が正解です。本文中の「꿈 같은 시간을 지냈습니다.（夢のような時間を過ごしました）」は、比喩的な意味の「夢」なので、選択肢②とは一致しません。④は本文中の「우리는 매운 음식을 참 좋아합니다.（私たちは辛い食べ物がとても好きです）」と矛盾します。

②

저는 올해 3월부터 한국에서 한국어를 공부하고 있습니다. (①여기)에 와서 벌써 석 달 지났습니다. (①여기)에 오기 전에는 한국어는 전혀 못 하고 친구도 없어서 힘들었습니다. 그러나 요즈음은 그렇지 않습니다. 한국말이 많이 늘었고 한국인들이 하는 말도 천천히 말해 주면 이해를 못하는 것이 거의 없습니다. 그리고 한국인 친구들도 생겼습니다. 한국인 친구가 자주 집에 놀러 와서 가슴이 따뜻합니다. 가끔 친구들이 저를 여러 가지로 도와줍니다. 그래서 <u>지금은 아주 편합니다.</u>

私は今年の3月から、韓国で韓国語を勉強しています。ここに来て、もう3カ月が過ぎました。ここに来る前には韓国語は全くできず、友達もいなくて大変でした。しかし最近はそうではありません。韓国語がとても上達し、韓国人が話す言葉も、ゆっくり話してくれれば理解できないことはほとんどありません。そして韓国人の友達もできました。韓国人の友達がよく家に遊びに来て、心が温まります。時々、友達が私をいろいろと助けてくれます。だから今はとても楽です。

語彙と関連表現 벌써（すでに、もう）／석 달（3カ月：석は、三〜、3つの〜）／오기 전에는（来る前には：오다＋-기 전에는）／요즈음＝요즘（最近）／늘다（上達する、伸びる）／거의（ほとんど）／생기다（生じる、できる）関 문제가 생기다（問題が生じる）／따뜻하다（温かい、暖かい）関 가슴이 따뜻하다（心が温まる）／여러 가지（いろいろな、各種）関 여러 가지 색（いろいろな色）／도와주다（援助する、手伝う、世話する）／편하다（安らかだ、楽だ、便利だ）

1)

① 여기 (ここ、ここに)　　② 거기 (そこ、そこに)
③ 저기 (あそこ、あそこに)　　④ 어디 (どこ、どこに、どこか、どこかに)

正解 ①여기

重要ポイント　空欄に入る適切な言葉を選ぶ問題です。2つの空欄の後ろには、「〜에 와서」「〜에 오기 전에는」と、ともに動詞の「오다 (来る)」があるので、空欄には「話し手が現在いる場所」を表す言葉が入ることが分かります。選択肢はすべて場所を表す代名詞ですが、「現在いる場所」を表す代名詞は①です。

2)

① 한국사람이 하는 말을 알아듣지 못합니다.
　(韓国人が話す言葉を聞き取れません)
② 한국인 친구가 이것저것 힘을 빌려 줍니다.
　(韓国人の友達がいろいろと力を貸してくれます)
③ 한국인 친구하고 거의 말을 안 합니다.
　(韓国人の友達とほとんど話をしません)
④ 한국인 친구의 집은 방이 아주 따뜻합니다.
　(韓国人の友達の家は部屋がとても暖かいです)

正解 ②한국인 친구가 이것저것 힘을 빌려 줍니다.

重要ポイント　下線部直前の「그래서 (だから)」が正解を導くキーワードです。この「그래서」の前に下線部の理由が述べられています。「가끔 친구들이 저를 여러 가지로 도와줍니다. (時々、友達が私をいろいろと助けてくれます)」がその理由に当たるので、この本文の表現を言い換えた②が正解です。「이것저것」は本文の「여러 가지로」を、また「힘을 빌려 줍니다」は本文の「도와줍니다」を言い換えています。①は「한국인들이 하는 말도 천천히 말해 주면 이해를 못하는 것이 거의 없습니다. (韓国人が話す言葉も、ゆっくり話してくれれば理解できないことはほとんどありません)」の部分と矛盾します。③は、「韓国人の友達ができて、彼らがよく家に遊びに来る」「韓国人の友達が時々私を助けてくれる」という本文の内容と一致しません。「가슴이 따뜻합니다」は「心が温まる」という意味であり、④の「방이 아주 따뜻합니다. (部屋がとても暖かいです)」とは全く関係がないため正解ではありません。

出題パターン別練習問題

11 対話文読解

練習問題 ①

対話文を読んで、問いに答えなさい。

민수 : 오늘은 참 춥네요.
영주 : 네. 정말 추워요.
민수 : 이렇게 추운 날에는 호박국이 맛이 있어요.
영주 : 맞아요. 호박은 여러 음식에 잘 어울리고 그리고 몸에도 좋아요. 그래서 난 감기에 걸리면 우선 호박죽을 먹어요.
민수 : 그래요? 먹으면 감기가 나아요?
영주 : (　　　　) 그러니까 민수 씨도 다음에 감기에 걸리면 한번 드셔 보세요.

※호박:カボチャ　죽:粥

1)（　　）の中に入れるのに適切なものを①〜④の中から1つ選びなさい。

① 아니요. 전혀 안 나아요.　② 네. 나았어요.
③ 그럼요. 곧 나아요.　④ 그럼 나도 한번 먹어 볼까요?

2) 対話の内容と一致するものを①〜④の中から1つ選びなさい。

① 민수하고 영주는 호박죽을 먹으러 같이 식당에 갔습니다.
② 영주는 호박을 김칫국에 넣으면 아주 맛이 있다고 했습니다.
③ 민수는 영주에게 호박이 몸에 좋다고 알려 주었습니다.
④ 감기가 들 때 영주가 먼저 하는 일은 호박죽을 먹는 것입니다.

練習問題 ②

対話文を読んで、問いに答えなさい。

수　희 : 마이클 씨는 한국에 몇 년 사셨어요?
마이클 : 1년 전부터 살았요.
수　희 : 아직 1년밖에 안 됐어요? 그렇게 한국말 잘 하시는데.
마이클 : 아니에요. 한국인처럼 한국어를 말하고 싶지만 아직 멀었어요.
수　희 : 어떤 점이 어려워요?
마이클 : 역시 발음이 어렵네요. 영어하고 한국어는 발음이 전혀 다르거든요. (　　　) 한국인 친구가 하는 말도 가끔 못 알아들을 때가 있어요.
수　희 : 한국어는 생각보다 쉽지가 않지요.

1) (　　　)の中に入れるのに適切なものを①～④の中から1つ選びなさい。

① 그런데　　② 그러면
③ 그래서　　④ 그러나

2) 対話の内容と一致するものを①～④の中から1つ選びなさい。

① 마이클은 한국에 오기 전부터 한국어를 공부하고 있었습니다.
② 수희는 마이클이 사는 데에서 떨어진 곳에 살고 있습니다.
③ 한국어는 영어하고 발음에 차이가 나기 때문에 알아듣는 것이 힘듭니다.
④ 수희는 한국어를 듣는 것이 아주 어렵다고 생각하고 있습니다.

※ 곳:場所

解答と解説

　3往復程度の対話文を読んで2つの問いに答える形式です。出題傾向は大問10と同様で、単純に語彙の意味を問うような設問はありません。空欄に入る適切な文章を選択する問題では、対話全体の流れを捉えながら読み解く力が問われます。内容一致問題では、対話に登場する人物の発言や行動を正確に把握することが求められます。

①

민수 : 오늘은 참 춥네요.
영주 : 네. 정말 추워요.
민수 : 이렇게 추운 날에는 호박국이 맛이 있어요.
영주 : 맞아요. 호박은 여러 음식에 잘 어울리고 그리고 몸에도 좋아요. 그래서 난 감기에 걸리면 우선 호박죽을 먹어요.
민수 : 그래요? 먹으면 감기가 나아요?
영주 : (③그럼요. 곧 나아요.) 그러니까 민수 씨도 다음에 감기에 걸리면 한번 드셔 보세요.

ミンス　：今日は本当に寒いですね。
ヨンジュ：はい。本当に寒いです。
ミンス　：こんなに寒い日にはカボチャ汁がおいしいです。
ヨンジュ：そうですね。カボチャはさまざまな食べ物によく合いますし、そして体にも良いです。だから私は風邪をひくとまずカボチャ粥を食べます。
ミンス　：そうですか？ 食べると風邪が治りますか？
ヨンジュ：もちろんです。すぐに治ります。だからミンスさんも次に風邪をひいたら一度食べてみてください。

語彙と関連表現 참 (本当に、とても) **関** 참으로 (本当に、実に) ／여러 (いろいろな、いくつもの) ／어울리다 (似合う、調和する) **関** 옷이 잘 어울리다 (服がよく似合う) ／우선 (まず、ともかく) ／나아요? (治りますか?:【ㅅ変格】낫다+-아/어요?) **関** 병이 낫다 (病気が治る) ／드셔 보세요 (召し上がってみてください: 들다+-(으)시+-아/어 보다+-(으)세요) ／그럼요 (もちろんです) ／-(으)ㄹ까요? (~するでしょうか?) ／-(으)러 가다 (~しに行く)

1)
① 아니요. 전혀 안 나아요. (いいえ。全く治りません)
② 네. 나았어요. (はい。治りました)
③ 그럼요. 곧 나아요. (もちろんです。すぐに治ります)
④ 그럼 나도 한번 먹어 볼까요? (では、私も一度食べてみましょうか?)

103

正解 ③그럼요. 곧 나아요.

重要ポイント ヨンジュは空欄の返答の後さらに、「그러니까 민수 씨도 다음에 감기에 걸리면 한번 드셔 보세요」(だからミンスさんも次に風邪をひいたら一度食べてみてください)とカボチャ粥を勧めています。順接の接続詞(그러니까:だから)が使われているので、空欄には「カボチャ粥を食べれば風邪が治る」という内容の発言が入ることが分かります。

2)

① 민수하고 영주는 호박죽을 먹으러 같이 식당에 갔습니다.
(ミンスとヨンジュはカボチャ粥を食べに一緒に食堂に行きました)
② 영주는 호박을 김칫국에 넣으면 아주 맛이 있다고 했습니다.
(ヨンジュはカボチャをキムチの汁に入れると、とてもおいしいと言いました)
③ 민수는 영주에게 호박이 몸에 좋다고 알려 주었습니다.
(ミンスはヨンジュにカボチャが体に良いと教えてあげました)
④ 감기가 들 때 영주가 먼저 하는 일은 호박죽을 먹는 것입니다.
(風邪をひいたとき、ヨンジュが最初にすることは、カボチャ粥を食べることです)

正解 ④감기가 들 때 영주가 먼저 하는 일은 호박죽을 먹는 것입니다.

重要ポイント 本文中にはカボチャ粥を食べに行こうという記述はありません。また、本文では単に「カボチャはさまざまな食べ物によく合います」と述べているだけですので、①も②も本文の内容とは一致しません。③は、「민수는 영주에게 (ミンスはヨンジュに)」という部分が誤りです。④は本文中「그래서 난 감기에 걸리면 우선 호박죽을 먹어요. (だから私は風邪をひくとまずカボチャ粥を食べます)」と内容が一致します。「감기가 들다」は「風邪をひく(直訳:風邪が入る)」です。

②

수　회 : 마이클 씨는 한국에 몇 년 사셨어요?
마이클 : 1년 전부터 살았어요.
수　회 : 아직 1년밖에 안 됐어요? 그렇게 한국말 잘 하시는데.
마이클 : 아니에요. 한국인처럼 한국어를 말하고 싶지만 아직 멀었어요.
수　회 : 어떤 점이 어려워요?
마이클 : 역시 발음이 어렵네요. 영어하고 한국어는 발음이 전혀 다르거든요. (③그래서) 한국인 친구가 하는 말도 가끔 못 알아들을 때가 있어요.
수　회 : 한국어는 생각보다 쉽지가 않지요.

スヒ　　：マイケルさんは韓国に何年住んでいらっしゃいますか？
マイケル：1年前から住んでいます。
スヒ　　：まだ1年しかたっていないのですか？　そんなに韓国語がお上手なのに。
マイケル：いいえ。韓国人のように韓国語を話したいのですが、まだまだです。
スヒ　　：どんな点が難しいですか？
マイケル：やはり発音が難しいですね。英語と韓国語は発音が全く違うんです。
　　　　　だから韓国人の友達が話す言葉も時々聞き取れないときがあります。
スヒ　　：韓国語は思ったより簡単ではないでしょう。

語彙　아직 멀었어요 (まだまだです、まだまだ実力が伴いません)／역시 (やはり)／다르다 (異なる、違う、別だ)／알아들을 때 (聞き取るとき:【ㄷ変則】알아듣다＋-(으)ㄹ 때)／생각보다 (思ったより)／-기 전부터 (～する前から)／차이가 나다 (差がある)

1)
① 그런데 (ところで)　　② 그러면 (それなら、そうすれば)
③ 그래서 (だから、それで)　　④ 그러나 (しかし)

正解　③그래서

重要ポイント　適切な接続詞を選ぶ問題です。空欄の前後の文章を注意深く読みましょう。マイケルが空欄の前では「英語と韓国語は発音が全く異なる」と述べ、空欄の後ろで「友達の話す韓国語も聞き取れないときがある」と言っています。つまり、前者が後者の原因になっているため、空欄に入るのは、順接の接続詞である③그래서 (だから) です。

2)
① 마이클은 한국에 오기 전부터 한국어를 공부하고 있었습니다.
　(マイケルは韓国に来る前から韓国語を勉強していました)
② 수희는 마이클이 사는 데에서 떨어진 곳에 살고 있습니다.
　(スヒはマイケルが住んでいるところから離れた場所に住んでいます)
③ 한국어는 영어하고 발음에 차이가 나기 때문에 알아듣는 것이 힘듭니다.
　(韓国語は英語と発音に差があるため、聞き取るのが大変です)
④ 수희는 한국어를 듣는 것이 아주 어렵다고 생각하고 있습니다.
　(スヒは韓国語を聞くことがとても難しいと思っています)

正解　③한국어는 영어하고 발음에 차이가 나기 때문에 알아듣는 것이 힘듭니다.

重要ポイント　選択肢では、本文中の「다르다」を「차이가 나다」と表現し、本文では接続詞「그래서」でつながれた2文を「-기 때문에」を使って1文にしています。さらに「어렵다」を「힘들다」と表現するなど、表現形態を変えています。「떨어지다」には「落ちる」のほかに「離れる」「使い果たしてなくなる」の意味があります。

出題パターン別練習問題

聞取問題

1 穴埋め

練習問題 CD02〜CD12

短い文を2回読みます。(　　　)の中に入れるのに適切なものを①〜④の中から1つ選んでください。(解答時間15秒)

1) 다섯 명이 (　　　　).

   ① 모았어요　　② 보였어요
   ③ 버렸어요　　④ 모였어요

2) 모두 (　　　) 넘었어요.

   ① 일흔이　　② 여든이
   ③ 마흔이　　④ 아흔이

3) 그 사람이 갑자기 나를 (　　　　　).

   ① 찾아왔거든요　　② 다녀왔거든요
   ③ 들어왔거든요　　④ 찾아갔거든요

4) 오늘 정말 (　　　　　).

   ① 놀랐습니다　　② 놀았습니디
   ③ 노래했습니다　　④ 늘었습니다

5) 늦게 온 사람들도 (　　　　　).

   ① 좋지 않아요　　② 적지 않아요
   ③ 많지 않아요　　④ 작지 않아요

6) 어제 우리 집에 (　　　　)?

① 지내셨지요　② 전화하셨지요
③ 주무셨지요　④ 정하셨지요

7) 또 약속을 (　　　　).

① 잃어버렸네요　② 잊어버렸네요
③ 일어나 버렸네요　④ 어울렸네요

8) 저도 내일은 (　　　　).

① 못 할 거예요　② 못 탈 거예요
③ 못 살 거예요　④ 못 갈 거예요

9) 내 (　　) 어디 갔어요?

① 고향이　② 공원이
③ 건강이　④ 고양이

10) 오늘은 날씨가 많이 (　　　　).

① 울어요　② 올려요
③ 흐려요　④ 흘러요

解答と解説

　２〜４語で構成された短い文を聞き、空欄に当てはまる語を選ぶ問題です。名詞、動詞、形容詞からバランスよく出題されていて、特に固有数詞は頻出です。「하나 (1)」「둘 (2)」「스물 (20)」のように、連体形になると「한」「두」「스무」と形が変化するものや、「서른 (30)」「일흔 (70)」など、20以上の固有数詞は必ずチェックしておきましょう。単語に助詞（主に이/가）や語尾が結合したもの、また連音化や濃音化など発音に変化が生じるものも出題されます。文体は「-요」「-ㅂ니다/습니다」だけではなく、「-지요」「-거든요」「-ㄹ/을까요」などの終結語尾を用いた文章も出題されます。「発音」「語彙」「文法」の知識が総合的に問われる問題です。

1)

다섯 명이 (④모였어요).
5人が集まりました。

① 모았어요（集めました）　② 보였어요（見えました、見せました）
③ 버렸어요（捨てました）　④ 모였어요（集まりました）

重要ポイント　子音「ㅁ」と「ㅂ」、母音「ㅏ」と「ㅕ」の発音の区別ができるかが問われる問題です。①と④で迷うかもしれませんが、①の基本形は「모으다（集める）」、④は「모이다（集まる）」です。

2)

모두 (①일흔이) 넘었어요.
みんな、70を超えました。

① 일흔이（70を／直訳：70が）　② 여든이（80を／直訳：80が）
③ 마흔이（40を／直訳：40が）　④ 아흔이（90を／直訳：90が）

重要ポイント　ㅎの弱化・脱落と連音化により、①の実際の発音は [이르니] となります。「20」以上の固有数詞の問題は頻出です。特に連体形になることで形が変化する「한（하나）」「두（둘）」「세（셋）」「네（넷）」「스무（스물）」や、濃音化する「여덟 개 [여덜깨]」「열 사람 [열싸람]」、連体形「-(으)ㄹ」直後の平音の濃音化などに注意しましょう。

3)

그 사람이 갑자기 나를 (①찾아왔거든요).
その人が突然私を訪ねて来たんですよ。

① 찾아왔거든요 （訪ねて来たんですよ）
② 다녀왔거든요 （行って来たんですよ）
③ 들어왔거든요 （入って来たんですよ）
④ 찾아갔거든요 （訪ねて行ったんですよ）

重要ポイント ①④は「찾아-」、①②③は「-왔거든요」の部分が共通するため、それぞれ選択肢が似たように聞こえます。最後までしっかり聞くことで誤りを防ぎましょう。

4)

오늘 정말 (①놀랐습니다).
今日は本当に驚きました。

① 놀랐습니다 （驚きました）　② 놀았습니다 （遊びました）
③ 노래했습니다 （歌いました）　④ 늘었습니다 （増えました、上達しました）

重要ポイント 終声（パッチム）の「ㄹ」が聞き取れるか、また母音「ㅏ」「ㅐ」「ㅓ」を聞き分けられるかが正解を導くポイントです。

5)

늦게 온 사람들도 (②적지 않아요).
遅く来た人たちも少なくないです。

① 좋지 않아요 （よくないです）　② 적지 않아요 （少なくないです）
③ 많지 않아요 （多くないです）　④ 작지 않아요 （小さくないです）

重要ポイント 各選択肢の形容詞を正確に聞き取れるかがポイントです。②と④は母音の「ㅏ」と「ㅓ」の聞き分けが難しいと思いますが、文脈からも②が正解であることが分かります。

6)

어제 우리 집에 (②전화하셨지요)?
昨日私の家に電話なさったでしょう?

① 지내셨지요 （過ごされたでしょう）
② 전화하셨지요 （電話なさったでしょう）
③ 주무셨지요 （お休みになられたでしょう）
④ 정하셨지요 （お決めになったでしょう）

重要ポイント 正解②の「전화」は、ㅎの弱化・脱落と連音化により実際の発音は［저놔］となります。④と迷うかもしれませんが、この仕組みが分かれば、②を正解として選べます。

7)

또 약속을 (②잊어버렸네요).
また約束を忘れてしまいましたね。

① 잃어버렸네요 （失ってしまいましたね）
② 잊어버렸네요 （忘れてしまいましたね）
③ 일어나 버렸네요 （起きて捨てましたね）
④ 어울렸네요 （似合いましたね）

重要ポイント 終声を正確に聞き取れるかが正解を導くポイントです。①の「잃어－」の実際の発音は［이러］なので、③と混同しないよう注意しましょう。二重パッチム「ㅀ」の発音は［ㄹ］です。

8)

저도 내일은 (④못 갈 거예요).
私も明日は行けないと思います。

① 못 할 거예요 （できないと思います）
② 못 탈 거예요 （乗れないと思います）
③ 못 살 거예요 （生きられないと思います）
④ 못 갈 거예요 （行けないと思います）

重要ポイント 子音を正確に聞き取れるかを問う問題です。先行するパッチムの発音が［ㅂ］［ㄷ］［ㄱ］で直後に「ㅂ」「ㄷ」「ㄱ」「ㅅ」「ㅈ」がくると、これらの音は濃音化します。また、連体形「-(으)ㄹ」直後の平音は濃音化します。従って③は［몯쌀꺼에요］、④は［몯깔꺼에요］と発音されます。「못」のパッチム「ㅅ」の発音は［ㄷ］です。①は激音化と連体形「-(으)ㄹ」直後の平音の濃音化で、実際の発音は［모탈꺼에요］となります。そのため②と混同しやすいですが、②の発音は［몯탈꺼에요］となります。

9)

내 (④고양이) 어디 갔어요?
私の猫、どこに行きましたか？

① 고향이　（故郷が）　　② 공원이　（公園が）
③ 건강이　（健康が）　　④ 고양이　（猫）

重要ポイント　文脈からは正解が④であることが分かりますが、発音を聞いて①と迷ったかもしれません。①고향の「향」の初声「ㅎ」は語頭では［ｈ］として発音されますが、発音が弱いため、聞き取りにくい場合もあるからです。①〜③は「名詞＋助詞이」の形ですが、④の고양이は「猫」であり、이は助詞ではなくこの名詞の一部です。

10)

오늘은 날씨가 많이 (③흐려요).
今日は天気がとても曇っています。

① 울어요　（泣きます）　　② 올려요　（上げます、差し上げます、挙げます）
③ 흐려요　（曇っています）　④ 흘러요　（流れます）

重要ポイント　語頭の初声「ㅇ」と「ㅎ」や母音の区別、パッチムの有無を聞き取れるかを問う問題です。また、文脈から③が正解であることが分かるので語彙の知識が問われる問題でもあります。③の辞書形は「흐리다」、④は「흐르다」【르変格】です。混同しやすいので注意しましょう。

出題パターン別練習問題

聞取問題

2 絵を見て答える

練習問題 ①　　　CD 13 ～ CD 17

1）対話文と質問文をセットにして2回読みます。【質問】に対する答えとして適切な絵を①～④の中から1つ選んでください。

男：
女：
男：
女：

【質問】

①

토 19	일 20
	9:00 요리 교실
12:00 야구	
	15:00 카페
18:00 영화	

②

토 19	일 20
9:00 요리 교실	
	12:00 야구
15:00 카페	
	18:00 영화

③

토 19	일 20
9:00 카페	
	12:00 영화
	15:00 요리 교실
18:00 야구	

④

토 19	일 20
	11:00 카페
12:00 요리 교실	
	17:00 야구
18:00 영화	

2）質問文と選択肢をそれぞれ2回ずつ読みます。【質問】に対する答えとして適切なものを①〜④の中から1つ選んでください。

【質問】

①
②
③
④

練習問題 ②

1）対話文と質問文をセットにして2回読みます。【質問】に対する答えとして適切な絵を①〜④の中から1つ選んでください。

女：..
男：..
女：..
男：..
女：..

【質問】..

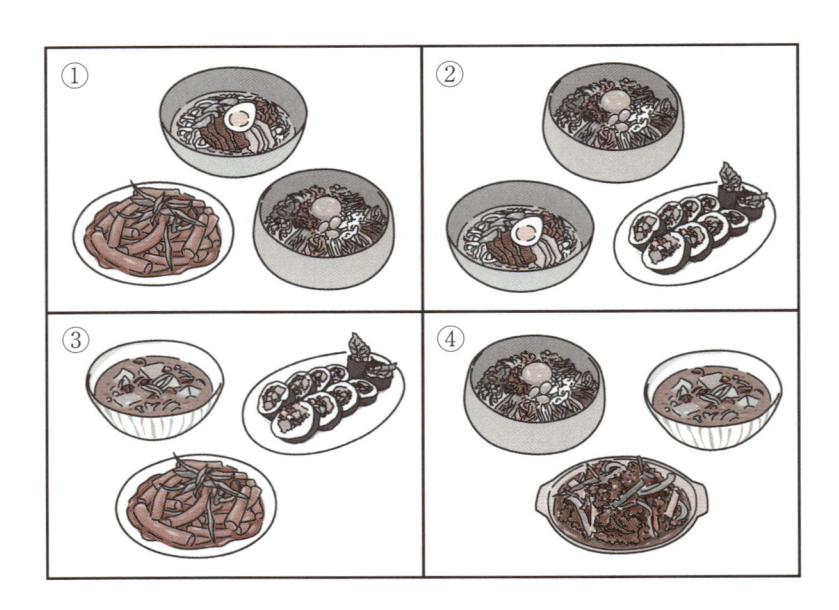

※ 동：棟、호：号

2）質問文と選択肢をそれぞれ2回ずつ読みます。【質問】に対する答えとして適切なものを①〜④の中から1つ選んでください。

【質問】

①
②
③
④

解答と解説

絵を見て質問に答える問題です。設問は2題で、登場人物の行動や、物の位置関係、大小・長短など、視覚的に判別しやすい内容が問われます。1)は、対話文または文章と、それに続く質問文を聞いて、ふさわしい絵を選択する問題です。2)は、一つの絵の説明として正しい文章を選ぶ問題です。

①

1)

【読み上げ文】

男：이번 주말에는 무엇을 해요?
　　今週末には何をしますか?
女：토요일 오전에는 요리 교실에 가고 오후에는 카페에서 차를 마실 거예요. 점심은 요리 교실에서 만든 음식을 먹을 계획이고요.
　　土曜日の午前には料理教室に行って、午後にはカフェでお茶を飲むつもりです。お昼は料理教室で作った料理を食べる計画なんです。
男：그래요? 야구시합을 보러 가는 게 아니었어요?
　　そうですか? 野球の試合を見に行くのではなかったのですか?
女：그것은 일요일이에요. 낮에 야구를 본 후 밤에는 영화를 보러 갈 거예요.
　　それは日曜日です。昼に野球を見た後、夜には映画を見に行きます。

【質問】

여자는 주말에 무엇을 할 계획입니까?
女性は週末に何をする計画ですか?

正解 ②

重要ポイント 女性の予定として挙げられているのは、「야구（野球）」「영화（映画）」「요리 교실（料理教室）」「카페（カフェ）」です。曜日と時間帯を正確に聞き取れないと正解にたどり着けないため、聞き取れた部分をもらさずメモしながら整理しましょう。

語彙と関連表現 카페＝커피숍（カフェ、コーヒーショップ）／점심（昼食）**関** 점심때（昼食の時）**関** 점심밥（昼食）**関** 점심식사（昼食）**関** 점심시간（昼食の時間）／-(으)러 가다（～しに行く）／-는 게＝-는 것이（～すること）／-(으)ㄴ 후（～した後、～してから）

2)

【質問文】

이 사람은 어디서 무엇을 하고 있습니까?
この人はどこで何をしていますか?

【選択肢】

① 부엌에서 그릇을 씻고 있습니다.
  台所で食器を洗っています。
② 책방에서 잡지를 보고 있습니다.
  書店で雑誌を見ています。
③ 식당에서 라면을 먹고 있습니다.
  食堂でラーメンを食べています。
④ 약국에서 약을 팔고 있습니다.
  薬局で薬を売っています。

正解 ①부엌에서 그릇을 씻고 있습니다.

重要ポイント 正解の①は부엌에서 [부어케서]、그릇을 [그르슬]のように、助詞との連音化によって聞き取りが難しくなる部分が含まれています。この部分を正確に聞き取れるかが正解を導けるかどうかのポイントと言えます。
語彙と関連表現 씻다 (洗う) **関** 손을 씻다 (手を洗う) **関** 그릇을 씻다 (食器を洗う) ／라면 (ラーメン) **関** 라면을 끓이다*3 (ラーメンを作る)　＊3級の出題範囲

②

1)

【読み上げ文】

女：여보세요. 여기는 신당현대아파트 303동 222호입니다.
   もしもし。こちらはシンダン現代マンション303棟222号です。
男：네. 무엇을 시키시겠습니까?
   はい。何を注文なさいますか?
女：된장국하고 비빔밥이에요. 그리고 떡볶이도요.
   みそ汁とビビンバです。それからトッポッキもです。
男：죄송하지만, 비빔밥은 우리 집에서는 안 팔아요.
   申し訳ありませんが、ビビンバはうちの店では扱っていません(売っていません)。
女：그러면 김밥으로 바꿔 주세요.
   ではのり巻きにかえてください。

【質問】

여자는 무엇을 시켜 먹었어요?
女性は何を注文して食べましたか？

正解 ③

重要ポイント 電話で食事の出前を依頼している状況です。対話の後半で女性が注文する品をかえていますが、その部分を逃さずに正確に聞き取れるかがポイントになります。「시키다」は「注文する」で、「시켜 먹다」は「注文して食べる」「出前を取る」という意味になります。

2）

【質問文】

여자는 어디서 무엇을 하고 있습니까?
女性はどこで何をしていますか？

【選択肢】

① 학교 교실에서 한국어를 가르치고 있습니다.
　学校の教室で韓国語を教えています。
② 자기 방에서 일본어를 공부하고 있습니다.
　自分の部屋で日本語を勉強しています。
③ 백화점 옷 가게에서 바지를 찾고 있습니다.
　デパートの洋服売り場でズボンを探しています。
④ 편의점 앞에서 친구를 기다리고 있습니다.
　コンビニの前で友達を待っています。

正解 ①

重要ポイント 質問は「女性」が何をしているかを聞いています。絵には男女２人が描かれているため、まずはこの部分を正確に聞き取らないと正解を導けません。

出題パターン別練習問題

聞取問題 3 応答文選択

練習問題 CD22〜CD27

問いかけの文を2回読みます。応答文として適切なものを①〜④の中から1つ選んでください。

1)
　① 아마 그저께 밤일 거예요.
　② 다음주 수요일이에요.
　③ 네, 감았어요.
　④ 아까 감기약을 먹었어요.

2)
　① 숙제가 다 끝난 후에 할게요.
　② 내일까지는 모을 겁니다.
　③ 지금 하고 있는 중이에요.
　④ 고마워요. 시험 잘 봤어요.

3)
　① 오늘은 밖이 너무 추워서 아무 데도 안 갔어요.
　② 네, 오늘은 일을 일찍 끝내고 요리 교실에 갈 생각이에요.
　③ 좋네요. 저도 저녁은 식당에서 먹으려고 하고 있었거든요.
　④ 아니에요. 시간이 없어서 저녁은 아직 못 먹었어요.

4) ....

　① 네, 잘 다녀왔어요.
　② 한 번도 가 본 적이 없어요.
　③ 지난 겨울에 나왔어요.
　④ 아직 정하지 않았어요.

5) ....

　① 네, 정말 맛있어요.
　② 짜지는 않지만 매워요.
　③ 잘 먹었어요.
　④ 벌써 잤어요.

解答と解説

2〜5語程度の問いかけの文を聞いて、示された選択肢の中から正しい応答文を選ぶ問題です。文章には「-아/어요」「-ㅂ니다/습니다」だけでなく、「-(으)십시오」「-(으)ㄹ까요?」などの終結語尾も使われます。

1)

【読み上げ文】

언제 머리를 감았어요?
いつ頭を洗いましたか?

① 아마 그저께 밤일 거예요. (おそらくおとといの夜だと思います)
② 다음주 수요일이에요. (来週の水曜日です)
③ 네, 감았어요. (はい、洗いました)
④ 아까 감기약을 먹었어요. (さっき風邪薬を飲みました)

正解 ①아마 그저께 밤일 거예요.

重要ポイント 「머리를 감다」は「頭を洗う」という意味の熟語です。「いつ〜しましたか?」と過去の時(時間・日付・曜日など)を聞いているので、「おとといの夜」と答えている①が正解です。「그저께=그제(おととい)」の意味が分かれば正解が選べます。④は設問の「감았어요?」と「감기약」の発音が似ているので注意して聞き取りたい選択肢です。「薬を飲む」は、「마시다(飲む)」ではなく「먹다(食べる)」を用い「약을 먹다」と表現するのであわせて押さえておきましょう。

2)

【読み上げ文】

숙제는 다 끝났어요?
宿題は全部終わりましたか?

① 숙제가 다 끝난 후에 할게요. (宿題が全部終わった後にしますね)
② 내일까지는 모을 겁니다. (明日までに集めると思います)
③ 지금 하고 있는 중이에요. (今やっているところです)
④ 고마워요. 시험 잘 봤어요. (ありがとうございます。試験はよくできました)

正解 ③지금 하고 있는 중이에요.

重要ポイント ①では質問文と同じ表現が使われていますが、同じ表現が使われ

ているからといって返答としてふさわしいとは限らないので注意しましょう。選択肢を最後まで聞き、その内容をきちんと理解することが求められます。③は「宿題を今やっている」つまり間接的に「宿題がまだ終わっていない」ことを表現し、質問に対する適切な返答になっています。④の「시험 잘 봤어요.」は、直訳すると「試験、よく受けました」つまり「試験がうまくいきました、よくできました」という表現です。

3)

【読み上げ文】

오늘 저녁은 밖에서 식사를 하지 않으시겠어요?
今日の夜は外で食事をなさいませんか?

① 오늘은 밖이 너무 추워서 아무 데도 안 갔어요.
　　(今日は外がとても寒いのでどこにも行きませんでした)
② 네, 오늘은 일을 일찍 끝내고 요리 교실에 갈 생각이에요.
　　(はい、今日は仕事を早く終えて料理教室に行くつもりです)
③ 좋네요. 저도 저녁은 식당에서 먹으려고 하고 있었거든요.
　　(いいですね。私も夜は食堂で食べようと思っていたんですよ)
④ 아니에요. 시간이 없어서 저녁은 아직 못 먹었어요.
　　(いいえ。時間がなくて、夕食はまだ食べられていません)

正解 ③ 좋네요. 저도 저녁은 식당에서 먹으려고 하고 있었거든요.

重要ポイント　質問文が「-지 않으시겠어요?(～なさいませんか?)」を用いた「勧誘」の文であることが聞き取れれば正解を導けます。読み上げ文の「밖에서 식사(外で食事)」を、選択肢③では「식당에서…(食堂で…)」と表現しています。①の「아무 데도」は後ろに否定表現を伴って「どこにも～ない」の意味になります。②の「일찍 끝내다(早く終える)」は、『トウミ』で「끝내다」の関連情報欄に掲載されている頻出表現です。④の「저녁」は「夕食」の意味で、「아침/점심/저녁 먹었어요?(朝食/昼食/夕食、食べましたか?)」のように、「밥(ご飯)」「식사(食事)」を付けなくても、その時間帯にとる食事の意味になります。

4)

【読み上げ文】

이번 여름방학은 해외로 나갈 예정이에요?
今年の夏休みは海外に行く予定ですか?

① 네, 잘 다녀왔어요. （はい、楽しかったです）
② 한 번도 가 본 적이 없어요. （一度も行ってみたことがありません）
③ 지난 겨울에 나왔어요. （去年の冬に出て来ました）
④ 아직 정하지 않았어요. （まだ決めていません）

正解 ④아직 정하지 않았어요.

重要ポイント 読み上げ文では「夏休みに海外に行く予定があるのか」を尋ねているので、「まだ（海外に行くか）決めていない」と、今後の予定に言及している④がふさわしい返答です。すでに海外に行ってきたという内容の①はふさわしくありません。「잘 다녀왔어요」は直訳すると「よく行ってきました」。また、「海外に行ったことがあるかないか」を問う質問ではないため、②も正解としてふさわしくありません。

語彙と関連表現 방학（学校の長期休暇）関 봄방학（春休み）関 여름방학（夏休み）関 겨울방학（冬休み）関 방학（을）하다（学校の休みに入る）

5)

【読み上げ文】
이 김치 좀 짜지 않아요?
このキムチ、ちょっと塩辛くないですか？

① 네, 정말 맛있어요. （はい、本当においしいです）
② 짜지는 않지만 매워요. （塩辛くはないですが、辛いです）
③ 잘 먹었어요. （ごちそうさまでした）
④ 벌써 잤어요. （もう寝ました）

正解 ②짜지는 않지만 매워요.

重要ポイント 質問文の「짜지 않아요?」は相手に対して「キムチが塩辛い」という事実に賛成・同意、または意見を求めている内容なので、「キムチが辛い」と自分の意見を述べている②が正解です。①では「네（はい）」と言っていますが、キムチがおいしいかどうかを尋ねる質問ではないので返答としてはふさわしくありません。③は食事を終えたときの定型表現。ちなみに「いただきます」は「잘 먹겠습니다」「잘 먹겠어요」です。자다（寝る）と짜다（塩辛い）、平音と濃音の発音の違いにも注意しましょう。

語彙 짜다（塩辛い、しょっぱい、ケチだ、〈評価が〉辛い）／매워요（辛いです：맵다＋아/어요【ㅂ変格】）／벌써（すでに、もう）

出題パターン別練習問題

聞取問題 4 日本語訳選択

練習問題 CD28～CD34

短い文を2回読みます。日本語訳として適切なものを①～④の中から1つ選んでください。

1) ....

① もう続けるつもりはありません。
② もうこれ以上は計算できません。
③ もう一回続けてみます。
④ もうこれ以上は続けられません。

2) ....

① 中国語でお話し差し上げたらだめですか？
② 中国語で話してもいいですか？
③ 中国語でお話し差し上げてもいいですか？
④ 中国語を教えてくださいますか？

3) ....

① 私の娘は最近よく寝ます。
② 私の娘は最近よく寝坊をします。
③ 私の息子は最近時々寝坊をします。
④ 私の息子は最近時々遅刻をします。

4) _____.

① 今週の土曜日にバスケットボールの試合があります。
② 今週の木曜日に韓国語の試験があります。
③ 今週の土曜日にバレーボールの試合があります。
④ 今週の木曜日にバレーボールの試合があります。

5) _____.

① この歌を聞いて元気を出すんですよ。
② この歌を歌うと元気が出るんですよ。
③ この歌を聞いて元気を出してください。
④ この歌を聞くと元気が出るんですよ。

6) _____.

① 北側と南側では天気が全く異なるからです。
② 北側と南側では日付が少し異なるからです。
③ 北側と南側では天気が少し異なります。
④ 北側と南側では日付が全く異なります。

解答と解説

　10～20字以内の短文を聞いて、日本語訳を選ぶ問題です。文中の単語を正確に聞き取り、正しく訳す力が問われます。出題形式は選択式ですが、例文などを実際に日本語訳してみる練習が効果的です。「-요体」「-ㅂ니다/습니다体」だけでなく、「-거든요」「-(으)ㄹ까요」などの語尾を使った文も出題されます。また「-는 중에 (～しているところに)」「-(으)ㄹ 생각이다 (～するつもりだ)」「냄새가 나다 (においがする)」などの慣用表現や連語も多く登場しますので、それらの意味を一つ一つしっかり確認しましょう。

1)

【読み上げ文】

더 이상은 계속할 수 없어요.
もうこれ以上は続けられません。

正解 ④もうこれ以上は続けられません。

重要ポイント　正解以外の選択肢は、韓国語訳すると次のようになります。①다시는 계속할 생각이 없어요.　②더 이상은 계산할 수 없어요.　③다시 한번 계속해 보겠습니다.　「계속」と「계산」、「더 이상」と「다시」など、似ている発音に注意しましょう。

2)

【読み上げ文】

중국어로 말씀드려도 될까요?
中国語でお話し差し上げてもいいですか?

正解 ③中国語でお話し差し上げてもいいですか?

重要ポイント　正解以外の選択肢は、韓国語訳すると次のようになります。①중국어로 말씀드리면 안 됩니까?　②중국어로 말해도 될까요?　④중국어를 가르쳐 주시겠습니까?　謙譲表現の「말씀드리다 (お話し申し上げる、お話し差し上げる)」、「-아/어도 되다 (～してもいい、～しても構わない、～でもいい、～でも構わない)」が正しく聞き取れるかがポイントです。

3）

【読み上げ文】

우리 딸은 요즘 자꾸 늦잠을 자요.
私の娘は最近よく寝坊をします。

正解 ②私の娘は最近よく寝坊をします。

重要ポイント 正解以外の選択肢は、韓国語訳すると次のようになります。①우리 딸은 요즘 잘 자요．③우리 아들은 요즘 가끔 늦잠을 자요．④우리 아들은 요즘 가끔 지각을 해요．
「딸（娘）」「가끔（時々、たまに）」「늦잠을 자다（寝坊をする）」の意味を正確に聞き取れるかがポイントです。

4）

【読み上げ文】

이번주 토요일에 배구 시합이 있습니다.
今週の土曜日にバレーボールの試合があります。

正解 ③今週の土曜日にバレーボールの試合があります。

重要ポイント 正解以外の選択肢は、韓国語訳すると次のようになります。①이번주 토요일에 농구 시합이 있습니다．②이번주 목요일에 한국어 시험이 있습니다．④이번주 목요일에 배구 시합이 있습니다．「バレーボール」は「배구［排球］」、「バスケットボール」は「농구［籠球］」、「시험（試験）」と「시합（試合）」など、混同しやすい単語、発音の似ている単語に注意しましょう。

5）

【読み上げ文】

이 노래를 들으면 힘이 나거든요.
この歌を聞くと元気が出るんですよ。

正解 ④この歌を聞くと元気が出るんですよ。

重要ポイント 正解以外の選択肢は、韓国語訳すると次のようになります。①이 노래를 듣고 힘을 내는 거예요．②이 노래를 부르면 힘이 나거든요．③이 노래를 듣고 힘을 내세요．

6）

【読み上げ文】

북쪽과 남쪽은 날씨가 전혀 달라서요.
北側と南側では天気が全く異なるからです。

正 解 ①北側と南側では天気が全く異なるからです。

重要ポイント 正解以外の選択肢は、韓国語訳すると次のようになります。②북쪽과 남쪽은 날짜가 조금 달라서요. ③북쪽과 남쪽은 날씨가 조금 달라요. ④북쪽과 남쪽은 날짜가 전혀 달라요. 特に、「날씨」と「날짜」、「전혀」と「조금」を聞き間違えないように注意しましょう。また、正解につながるポイントは、「-아/어서요（〜するからです）」を正確に聞き取れるかどうかです。다르다は【르変格】ですので、活用に注意しましょう。

出題パターン別練習問題

聞取問題

5 対話聞き取り①

練習問題 CD35〜CD43

対話文を2回読みます。引き続き選択肢も2回ずつ読みます。【質問】に対する答えとして適切なものを①〜④の中から1つ選んでください。

1) 男：
　　女：
　　男：
　　女：

【質問】何についての会話ですか？

　　①　　　　　　　　　　　②

　　③　　　　　　　　　　　④

2) 男：
　　女：
　　男：
　　女：

129

【質問】女性は何が得意ですか？

　　　　① _____　　② _____

　　　　③ _____　　④ _____

3）男：_____

　　女：_____

　　男：_____

　　女：_____

【質問】どこで行われている会話ですか？

　　　　① _____　　② _____

　　　　③ _____　　④ _____

4）女：_____

　　男：_____

　　女：_____

　　男：_____

【質問】男性はどうして髪の毛を切りましたか？

　　　　① _____　　② _____

　　　　③ _____　　④ _____

解答と解説

　1.5～2往復の男女の対話を聞いて日本語で表示されている質問に答える問題です。対話文が2回読まれた後に、選択肢も2回ずつ読まれます。会話の内容、会話がなされている場所、話し手を含め会話で言及される人物の行動やその行動をとった理由などが質問されます。第39回試験からは、「次の問題に移るまでの時間」が、45秒から30秒に、15秒も短縮されました。これまでよりも、より速く・正確に解答を選ぶ力が求められています。

1）

【読み上げ文】

男：하루에 몇 번 먹어야 해요?
　　一日に何回飲まなくてはいけませんか？

女：하루에 두 번, 아침하고 저녁 식사 후에 드세요.
　　一日に2回、朝食と夕食の後に飲んでください。

男：식사 끝난 후 바로요?
　　食事の後、すぐにですか？

女：네. 먹는 시간이 늦으면 몸에 좋지 않기 때문에 주의하셔야 합니다.
　　はい。飲む時間が遅いと体に良くないため、注意なさらなければいけません。

【質問】　何についての会話ですか？

【選択肢】

① 식사（食事）　② 술（酒）　③ 계획（計画）　④ 약（薬）

正解 ④약

重要ポイント　「하루에 몇 번（一日に何回）」「아침하고 저녁 식사 후（朝食と夕食の後）」「먹는 시간이 늦으면 몸에 좋지 않기 때문에（飲む時間が遅いと体に良くないため）」などの発言が正解を導くヒントになります。

2）

【読み上げ文】

男：영어 참 잘하시네요.
　　英語が本当にお上手ですね。

女 : 뭘요. 회화는 잘하지만 아직 듣는 것이 힘들어요. 그리고 문장을 쓰는 것도 좋아하지는 않아요.
とんでもないです。会話は得意なのですが、まだ聞き取りが大変です。それから、文章を書くのも好きではありません。

男 : 책은 읽어요?
本は読みますか？

女 : 어려운 책은 못 읽지만 읽는 것은 좋아해요. 특히 소설은 매일 읽고 있거든요.
難しい本は読めませんが、読むことは好きです。特に小説は毎日読んでいるんですよ。

【質問】 女性は何が得意ですか？

【選択肢】
① 영어를 말하는 것 (英語を話すこと)
② 영어를 듣는 것 (英語を聞くこと)
③ 영어로 문장을 쓰는 것 (英語で文章を書くこと)
④ 영어 책을 읽는 것 (英語の本を読むこと)

正解 ①영어를 말하는 것

重要ポイント 「英語に関して女性が得意なこと」が何かを聞き取る問題です。女性は英語に関して「得意なこと」「得意ではないこと」「好きなこと」「好きではないこと」を話していますので、これらを整理しながら聞き取れれば正解を導けます。

3）

【読み上げ文】

男 : 여기서 드실 거예요? 가지고 가실 거예요?
ここで召し上がりますか？ お持ち帰りされますか？

女 : 네 명이 앉을 자리 있어요?
4人が座る席はありますか？

男 : 죄송합니다만 지금은 손님이 많아서 두 명이 앉을 자리밖에 없습니다.
申し訳ありませんが、今はお客様が多くて、2人席しかありません。

女 : 그러면 가지고 갈게요.
では、持ち帰ります。

【質問】 どこで行われている会話ですか？

【選択肢】
① 도서관（図書館）　　　　② 시청（市庁）
③ 커피숍（コーヒーショップ）　④ 극장（映画館、劇場）

正 解 ③커피숍

重要ポイント　「여기서 드실 거예요? 가지고 가실 거예요?（ここで召し上がりますか？　お持ち帰りされますか？）」は、ファストフード店やコーヒーショップなどで、店員が客に対してかける決まり文句です。「가지고 가다」は「持って帰る」、「두 명이 앉을 자리밖에 없습니다．」は、直訳すると「2人が座る席しかありません」です。

4）

【読み上げ文】
女：머리를 깎으셨네요. 잘 어울리세요.
　　髪を切られたんですね。よく似合っていらっしゃいます。
男：그래요? 고마워요.
　　そうですか？　ありがとうございます。
女：근데 왜 갑자기 머리를 깎으셨어요? 무슨 일이 있으셨어요?
　　ところで、なぜ突然髪を切られたんですか？　何かおありになったのですか？
男：아니요. 아무것도 없습니다. 여름이 돼서 더워서요.
　　いいえ。何もありません。夏になって暑いからです。

【質問】　男性はどうして髪の毛を切りましたか？

【選択肢】
① 덥기 때문에（暑いので）
② 시간이 있어서（時間があるので）
③ 잘 어울리니까（よく似合うので）
④ 돈이 많이 생겼으니까（お金がたくさんできたので）

正 解 ①덥기 때문에

重要ポイント　正解の「덥기 때문에（暑いので）」は、男性の最後の言葉、「더워서요．（暑いからです）」の部分を、別の表現にしたものです。

出題パターン別練習問題

聞取問題

6 内容一致

練習問題 CD44 ～ CD48

対話文もしくは文章を2回読みます。その内容と一致するものを①～④の中から1つ選んでください。

1) ....

....

....

① 昨年から韓国の大学院で韓国の歴史を学び始めました。
② 大学院に入学してから韓国の歴史に関心を持ちました。
③ 現在、韓国語だけを一生懸命勉強しています。
④ 来年、韓国の大学院に留学する予定です。

2) ....

....

....

① 夫は会社に勤めています。
② 仕事がとても大変なので辞めたいです。
③ 私は7年前に結婚しました。
④ 娘は中学校1年生です。

３）男：..

　　　女：..

　　① 男性はコンピュータの上に猫を寝かせます。
　　② 男性は猫が好きではありません。
　　③ 女性は猫の飼い主ではありません。
　　④ 女性は猫を家の中に入れました。

４）女：..

　　　男：..

　　① 男性は、今日は早く帰って寝ます。
　　② 男性は女性の体を心配しています。
　　③ 女性は男性に仕事を休むように促しています。
　　④ 女性は最近、あまり忙しくありません。

解答と解説

1往復の男女の対話、または2文程度の文章（本試験の場合）を聞いて、内容と一致する選択肢を選ぶ問題です。全4問中、2問は対話文、2問は文章です。第39回試験からは、「次の問題に移るまでの時間」が30秒から40秒に変更になり、じっくり考えて解答を出すことができるようになりましたので、大変得点しやすい問題であるといえます。練習問題では実際の問題よりも文章を長めに設定しました。

1）

【読み上げ文】

나는 내년부터 한국 대학원에 유학을 갈 예정입니다. 대학원에서는 한국 역사를 배울 생각입니다. 대학교 때 한국 역사에 관심이 생겼기 때문입니다. 그래서 지금은 한국 역사와 함께 한국어도 열심히 공부하고 있습니다.

私は来年から韓国の大学院に留学をする予定です。大学院では韓国の歴史を学ぶつもりです。大学の時、韓国の歴史に関心が芽生えたからです。それで今は韓国の歴史とともに、韓国語も一生懸命勉強しています。

正解 ④来年、韓国の大学院に留学する予定です。

重要ポイント 正解の④の内容は、文章の前半で述べられています。文章で述べられるさまざまな情報を整理しながら聞き取る練習をしましょう。

語彙と関連表現 대학원（大学院）**関** 대학원생（大学院生）／유학（留学）**関** 유학생（留学生）**関** 유학을 가다（留学する）／관심（関心）**関** 관심거리*準2（関心事）**関** 관심사*準2（関心事）**関** 관심을 가지다（関心を持つ）**関** 관심을 끌다*3（関心を引く）**関** 관심을 보이다（関心を示す）　＊準2級の出題範囲

2）

【読み上げ文】

나는 10년 전에 결혼을 했습니다. 남편은 회사원입니다. 아이는 아들과 딸 두 명 있습니다. 아들은 초등학교 3학년, 딸은 1학년입니다. 나는 중학교 영어 교사입니다. 힘들 때도 있지만 가족이 함께 있으니까 아주 행복합니다.

私は10年前に結婚しました。夫は会社員です。子供は、息子と娘の2人がいます。息子は小学校3年生、娘は1年生です。私は中学校の英語教師です。大変なときもありますが、家族が一緒にいるのでとても幸せです。

正解 ①夫は会社に勤めています。

重要ポイント 正解の①は、「남편은 회사원입니다.（夫は会社員です）」の内容を別の表現に言い換えたものです。

3）

【読み上げ文】

男：저기 컴퓨터 위에 누워 있는 고양이 누구 거예요?
　　あそこのコンピュータの上に寝そべっている猫、だれの（猫）ですか？
女：우리 집 고양이가 아니에요. 가끔 나도 모르는 사이에 집에 들어와서 컴퓨터 위에서 쉬고 있는 거예요.
　　うちの猫ではないです。時々私も知らない間に家に入ってきてコンピュータの上で寝ているんです。

正解 ③女性は猫の飼い主ではありません。

重要ポイント 対話文の問題では、それが男性の言葉か女性の言葉か意識するのを忘れずに聞き取ることも、正解を導くポイントです。正解③は、女性の「우리 집 고양이가 아니에요.（うちの猫ではないです）」の内容を別の表現にしたものです。

4）

【読み上げ文】

女：요즘 일이 너무 바빠서 매일 밤 11시까지 일을 하고 있어요.
　　最近仕事がとても忙しくて、毎日夜11時まで仕事をしています。
男：그렇게 늦은 시간까지 일을 해서 몸이 괜찮으세요? 오늘은 빨리 집에 가서 쉬셔야 해요.
　　そんなに遅い時間まで仕事をしていて、体は大丈夫ですか？　今日は早く家に帰ってお休みされなければなりません。

正解 ②男性は女性の体を心配しています。

重要ポイント 「괜찮다」は5級の出題範囲の単語ですが、「大丈夫だ」「平気だ」「構わない」のようにさまざまな意味で出題されます。

出題パターン別練習問題

聞取問題

7 対話聞き取り②

練習問題　CD49 〜 CD55

対話文を聞いて【問1】と【問2】に答えてください。対話文は【問1】と【問2】の前でそれぞれ1回ずつ読みます。

男：
女：
男：
女：
男：
女：
男：

【問1】

【質問】여자는 무엇을 걱정하고 있습니까?

　　① 映画の結末　　② 夜、食べるもの
　　③ 食事の場所　　④ 試験の結果

【問2】

　　①
　　②
　　③
　　④

解答と解説

4往復程度の男女の対話文を聞いて2つの問いに答える問題です。形式は対話文ですが、長文を聞き取る問題と考えればよいでしょう。【問1】は、質問文が韓国語で表示されており、その質問に対する選択肢は日本語で表示されます。【問2】は、内容が一致するものを選ぶ問題です。選択肢は表示されないため、読み上げられる音声を聞き取らなくてはいけません。

男：겨우 시험이 끝났네요.
　　やっと試験が終わりましたね。
女：네, 결과가 좀 걱정되지만요.
　　はい、結果が少し心配ですが。
男：이제 다 끝난 일이니까 잊어버립시다. 그건 그렇고 기분을 바꾸러 오늘 저녁에 같이 영화를 보러 갈까요?
　　もう全て終わったことですから、忘れてしまいましょう。それはそうと、気分を変えるために、今日の夜、一緒に映画を見に行きましょうか?
女：좋아요. 영화를 본 후 식사를 하는 건 어때요?
　　いいですよ。映画を見た後に、食事をするのはどうですか?
男：저도 그렇게 생각하고 있었어요. 그러면 무엇을 먹을까요?
　　私もそのように考えていました。では何を食べましょうか?
女：글쎄요. 갑자기 생각이 안 나네요.
　　そうですね。急に思い付かないですね。
男：그럼 내가 좀 생각해 볼게요.
　　では、私がちょっと考えてみますね。

語彙と関連表現 결과 (結果) 関 결과적 (結果的) 関 결과가 나오다 (結果が出る) ／걱정되다 (心配する、気になる) 関 걱정스럽다*3 (心配だ) 関 걱정거리*準2 (心配の種) ／바꾸다 (①変更する、変える ②交換する、両替する) 関 순서를 바꾸다 (順序を変える) 関 돈을 바꾸다 (お金を両替する) ／-아/어 보다 (〜してみる)

【問1】

【質問】
여자는 무엇을 걱정하고 있습니까?
女性は何を心配していますか?

正解 ④試験の結果

> **重要ポイント** 女性が「네, 결과가 좀 걱정되지만요.（はい、結果が少し心配ですが）」と言っているのは、男性の「겨우 시험이 끝났네요.（やっと試験が終わりましたね）」を受けたものですから、女性が心配しているのは「試験の結果」だと分かります。

【問2】

【読み上げ文】

① 여자는 식사할 식당을 정했습니다.
　女性は食事をする食堂を決めました。
② 남자는 여자에게 밥을 사 주었습니다.
　男性は女性にご飯をごちそうしてあげました。
③ 두 사람은 저녁에 같이 식사를 할 예정입니다.
　2人は夜に一緒に食事をする予定です。
④ 극장은 학교에서 아주 먼 데에 있습니다.
　映画館は学校からとても遠いところにあります。

> **正解** ③두 사람은 저녁에 같이 식사를 할 예정입니다.

> **重要ポイント** 選択肢②の「밥을 사 주었습니다」は、直訳すると「ご飯を買ってあげました」。これで、「ごちそうしてあげる」「おごってあげる」という表現になります。

「ハングル」能力検定試験
模擬試験　4級

筆記問題(60分)

- 解答用のマークシート ➡ 189 ページ
- 正答一覧 ➡ 161 ページ
- 解答と解説 ➡ 162 〜 175 ページ

1 発音どおり表記したものを①〜④の中から1つ選びなさい。
（マークシートの1番〜4番を使いなさい）　　〈1点×4問〉

1）부엌일　　　　　　　　　　　　　　　　　1

　① [부어킬]　② [부엉닐]　③ [부엉일]　④ [부어길]

2）연락하세요　　　　　　　　　　　　　　　2

　① [영나까세요]　② [연나까쎄요]
　③ [열나카세요]　④ [열라카세요]

3）끝날 겁니다　　　　　　　　　　　　　　3

　① [끈날껍니다]　② [끔날컴니다]
　③ [끌랄껌니다]　④ [끙날컴니다]

4）못 오겠네요　　　　　　　　　　　　　　4

　① [모도겜네요]　② [모소겜네요]
　③ [모도겐네요]　④ [모소겐네요]

2 次の日本語に当たるものを①～④の中から1つ選びなさい。
（マークシートの5番～8番を使いなさい）　　〈1点×4問〉

1）皿　　　　　　　　　　　　　　　　　　　　　5

① 극장　　② 점심　　③ 젓가락　　④ 접시

2）若い　　　　　　　　　　　　　　　　　　　　6

① 젊다　　② 넓다　　③ 좁다　　④ 밝다

3）開く　　　　　　　　　　　　　　　　　　　　7

① 올리다　　② 틀리다　　③ 걸리다　　④ 열리다

4）時々　　　　　　　　　　　　　　　　　　　　8

① 가끔　　② 곧　　③ 거의　　④ 그냥

3 （　　　）の中に入れるのに最も適切なものを①～④の中から1つ選びなさい。
（マークシートの9番～11番を使いなさい）　　〈2点×3問〉

1）늦잠을 (　　) 아침도 못 먹었어요.　　　　　　9
① 꾸어서　　② 자서　　③ 봐서　　④ 먹어서

2）지난 6월 제주도에서 결혼식을 (　　　　).　　10
① 돌아왔어요　　　　② 받았어요
③ 찾아왔어요　　　　④ 올렸어요

3) 오늘은 손님이 많아서 아침부터 (　　) 바빴어요.　　11

① 무척　　② 전혀　　③ 어서　　④ 함께

4 （　　）の中に入れるのに最も適切なものを①～④の中から1つ選びなさい。
（マークシートの12番～14番を使いなさい）　　〈2点×3問〉

1) A：오늘 회사 일이 몇 시에 끝나요?
　 B：왜요?
　 A：저녁에 (12) 시간이 생겨서 같이 식사라도 하고 싶어서요.　　12

① 잘못　　② 꼭　　③ 갑자기　　④ 일찍

2) A：이 구두는 어때요?
　 B：좀 작은 것 같아요.
　 A：다른 걸 (13) 드릴까요?　　13

① 봐　　② 사　　③ 맞아　　④ 보여

3) A：언제부터 운동을 시작했어요?
　 B：작년 여름부터요. 건강히 잘 (14) 노력하고 있어요.　　14

① 붙이려고　　② 버리려고
③ 싸우려고　　④ 지내려고

5 次の文の意味を変えずに下線部の単語と置き換えが可能なものを①〜④の中から1つ選びなさい。
（マークシートの15番〜17番を使いなさい）　　〈2点×3問〉

1）이번 겨울에는 눈이 진짜 많이 내렸네요.　　15
　　① 아주　　② 다시　　③ 꼭　　④ 자꾸

2）오랜만에 만나서 옛날 이야기를 하고 싶어요.　　16
　　① 나누고 싶어요　　　② 받고 싶어요
　　③ 주고 싶어요　　　　④ 남기고 싶어요

3）처음부터 끝까지 잘못이 없었어요.　　17
　　① 틀리지 않았어요　　　② 잘못했어요
　　③ 잃어버리지 않았어요　④ 재미없었어요

6 下線部の動詞、形容詞の辞書形（原形・基本形）として正しいものを①〜④の中から1つ選びなさい。
（マークシートの18番〜19番を使いなさい）　　〈2点×2問〉

1）주의해서 천천히 걸으세요.　　18
　　① 걷다　　② 걸다　　③ 거르다　　④ 걸르

2）식사한 후에 바로 누웠어요.　　19
　　① 누우다　　② 눕어다　　③ 눕다　　④ 누다

7

( ) の中に入れるのに適切なものを①〜④の中から1つ選びなさい。
（マークシートの20番〜23番を使いなさい）　〈2点×4問〉

1) 교수님 (20) 보내 주신 영어 사전이에요.

① 한테서　② 께　③ 이　④ 께서

2) 내가 (21) 남편이 점심을 먹으러 나갔어요.

① 없는 사이에　② 없는 이상은
③ 없는 정도로는　④ 없는 것처럼

3) A : 벌써 배가 불러요. 더 이상 못 먹어요.
   B : 못 먹으면 (22).

① 남겨 드려요　② 남겨도 돼요
③ 남기지 마십시오　④ 남기면 안 돼요

4) A : 지하철에 휴대폰을 놓고 내렸어요.
   B : 정말이에요? 좀 더 (23).

① 찾아 봐요　② 기다려 봐요
③ 올라가 봐요　④ 빌려 봐요

8 次の場面や状況において最も適切なあいさつ言葉を①〜④の中から1つ選びなさい。
（マークシートの24番〜25番を使いなさい）　　〈2点×2問〉

1）ほめられて謙遜するとき。　　　　　　　　　　　　　24

① 뭘요.　② 그럼요.　③ 잠시만요.　④ 건배!

2）お世話になった人にあいさつするとき。　　　　　　　25

① 안녕히 주무셨어요?　② 무슨 말씀을요.
③ 신세 많이 졌습니다.　④ 수고하세요.

9 （　　　）の中に入れるのに最も適切なものを①〜④の中から1つ選びなさい。
（マークシートの26番〜30番を使いなさい）　　〈2点×5問〉

1）A：사장님 계세요?　　　　　　　　　　　　　　　　26
　　B：조금 전에 나가셔서 지금은 안 계십니다.
　　A：그러면（　26　）

① 사장님께서 몇 시에 돌아오셨어요?
② 제가 사장님께 말씀드리겠습니다.
③ 지금 곧 다녀오겠습니다.
④ 잠시 후에 다시 전화를 하겠습니다.

2) A:이번 주말에 만나서 무엇을 할까요? 나는 옷을 사러 백화점에 가고 싶거든요.
　　B:좋아요. 근데 어느 백화점으로 갈 생각이에요?
　　A:지금 생각하고 있는 중이에요. (27).　　27

　　① 정하면 연락할게요　　② 지하철로 가면 빨라요
　　③ 12시에 만납시다　　　④ 일요일이 좋습니다

3) A:죄송하지만 이 돈으로 먹을 것을 좀 사 와 주시겠어요?
　　B:(28)
　　A:오늘 아침부터 몸이 많이 아파서 밖에 나갈 수가 없어요.
　　　　　　　　　　　　　　　　　　　　　　　　28

　　① 그렇지요.　　　② 어떻게 된 거죠?
　　③ 사지 못해요.　　④ 무엇을 사러 갈까요?

4) A:휴가 때, 어디 갈 계획 있어요?　　29
　　B:아니요.(29).
　　A:왜요? 같이 놀러 가요.

　　① 해외 여행을 다녀와요　　② 집에 있을 생각이에요
　　③ 바지를 살 거예요　　　　④ 바쁘기 때문입니다

5) A : 이 냉면, 참 맛있네요. 그리고 이 그릇도 예쁘네요.　30
　　B : 네. 그릇이 예쁘니까 (　30　).
　　A : 정말 그러네요.

　　① 다음에는 더 비싼 것을 먹어요
　　② 음식이 더 맛있어 보이네요
　　③ 더 이상 먹는 것이 힘들어요
　　④ 맥주도 마실 마음이 생겼어요

10 対話文を読んで、問いに答えなさい。
（マークシートの31番〜32番を使いなさい）　　〈2点×2問〉

영미 : 준호 씨, 취미는 무엇입니까?
준호 : 저는 사진을 찍는 것입니다. 어렸을 때부터 카메라를 좋아해서 많은 사진을 찍어 왔습니다.
영미 : 그래요? 어떤 사진을 찍어요?
준호 : 동물 사진이에요. 특히 새 사진을 좋아해요. 주말이 되면 아침부터 산에 올라가서 예쁜 새를 찾아 그것을 찍어요.
영미 : 정말이에요? (　31　)
준호 : 그러면 다음 주 일요일에 새 사진을 찍으러 산에 같이 갈까요?
영미 : 네. 꼭 가고 싶어요.

1) (　31　)の中に入れるのに適切なものを①〜④の中から1つ選びなさい。

　　① 새 사진은 옛날에 많이 찍었어요.　　31
　　② 저도 새를 참 좋아하거든요.
　　③ 이제 새에는 관심이 없어요.
　　④ 고양이 사진도 찍고 싶어요.

2）対話文の内容と一致するものを①～④の中から1つ選びなさい。　　　32
① 영미는 산의 사진을 찍는 취미를 가지고 있습니다.
② 준호는 벌써 동물 사진에 관심을 잃어버렸습니다.
③ 영미는 산에 가서 새를 잡는 것이 취미입니다.
④ 준호는 어린아이 때부터 사진을 찍는 것을 해 왔습니다.

11 文章を読んで、問いに答えなさい。
（マークシートの33番～34番を使いなさい）　　〈2点×2問〉

어제는 아주 기분 좋은 날이었습니다. 새 친구가 생겨서 이야기를 나누었고, 그리고 주말에는 같이 영화를 보러 갈 약속까지 했습니다. 이 친구가 언제까지라도 함께하고 싶은 사람이 되면 얼마나 기쁠까요?

1）昨日はどんな一日でしたか。①～④の中から1つ選びなさい。　　33
① 힘든 날　② 기쁜 날　③ 슬픈 날　④ 아픈 날

2）本文の内容と一致しないものを①～④の中から1つ選びなさい。　　34
① 어제 친구 세 명하고 영화를 보러 갔습니다.
② 주말에 친구하고 영화를 보러 갈 겁니다.
③ 새 친구와 함께 같은 시간을 보냈습니다.
④ 이 친구하고 앞으로도 같이하고 싶습니다.

「ハングル」能力検定試験 模擬試験 4級

聞取問題 (30分)

- CDの音声を聞いて、解答をマークシートに記入してください。
- 解答用のマークシート ➡ 189 ページ
- 正答一覧 ➡ 176 ページ
- 解答と解説 ➡ 177 ～ 188 ページ

1 解答はマークシートの1番～4番にマークしてください。
（空欄はメモをする場合にお使いください） 〈2点×4問〉

1) (　　　　) 중에 결과를 발표하겠습니다.

① 입구　　② 일흔　　③ 이틀　　④ 이달

2) 어젯밤에는 잠을 (　　　　　　　　).

① 잘못했어요　　　② 잘 못 잤어요
③ 잘 못 알아들었어요　④ 잘하셨어요

3) 엄마가 옛날이야기를 (　　　　　　　　).

① 들려주었어요　　② 돌려주었어요
③ 들어 주었어요　　④ 돌아 주었어요

4) 아들은 내년에 (　　　　)이 됩니다.

① 열여덟 살　　② 열일곱 살
③ 열아홉 살　　④ 열여섯 살

2 解答はマークシートの5番〜6番にマークしてください。
（空欄はメモをする場合にお使いください）　　〈2点×2問〉

1）男：
　　女：
　　男：
　　女：
　　男：

【質問】　　　　　　　　　　　　　　　　　　　　　　　　　5

2）【質問】... 6

① ....
② ....
③ ....
④ ....

3 解答はマークシートの7番〜9番にマークしてください。
(空欄はメモをする場合にお使いください) 〈2点×3問〉

1) _____ 7

① 말로 할 수 없어요.
② 나도 쓰고 싶었어요.
③ 참 많이 늘었어요.
④ 아주 잘 들렸어요.

2) _____ 8

① 사진을 찍으려고 해요.
② 냉면을 하나 주세요.
③ 지금 돌아가는 중이에요.
④ 수업이 일찍 끝났어요.

3) _____ 9

① 왼쪽으로 가면 출구가 보여요.
② 잠시만요. 여기 있습니다.
③ 이쪽이 아니고 저쪽에 있어요.
④ 손님들이 많이 오셨어요.

4 解答はマークシートの10番〜12番にマークしてください。
（空欄はメモをする場合にお使いください）　　〈2点×3問〉

1) ....　10

① 社長は昨日、日本を発ち、おとといアメリカに到着されました。
② 先生は、おとといアメリカを離れ、昨日日本に到着されました。
③ 課長は、おとといに日本を離れ、昨日アメリカに到着されました。
④ 社長は、おとといに日本を発ち、昨日アメリカに到着されました。

2) ....　11

① 天候はこんなに暑いですが、健康に良い飲料水は冷たいビールではなく温かい紅茶です。
② 天候はこんなに寒いですが、健康に良い飲み物は冷たい水ではなく温かいお茶です。
③ 天候はこんなに暑いですが、健康に良い飲料水はぬるいビールではなく冷たい紅茶です。
④ 天候はこんなに蒸し暑いですが、健康に良い飲み物は冷水ではなく温かいお茶です。

3) ....　12

① 来年32歳になる息子は、今年の冬にはアメリカに留学する予定です。
② 来年32歳になる娘は、来年の冬にはイギリスに留学する予定です。
③ 来月22歳になる息子は、今年の秋には英語を勉強しに行く予定です。
④ 来月22歳になる娘は、来年の秋にイギリスに留学する予定です。

5 解答はマークシートの13番〜14番にマークしてください。
（空欄はメモをする場合にお使いください）　　〈2点×2問〉

1) 女：
　　男：
　　女：
　　男：

【質問】何についての会話ですか？　　　　　　　　　　　　　13

　　① 　　　　　　　　　　　　　②
　　③ 　　　　　　　　　　　　　④

2) 女：
　　男：
　　女：
　　男：

【質問】女性は今、どこでアルバイトをしていますか？　　　　14

　　① 　　　　　　　　　　　　　②
　　③ 　　　　　　　　　　　　　④

6 解答はマークシートの15番〜18番にマークしてください。
（空欄はメモをする場合にお使いください） 〈2点×4問〉

1）男：＿＿＿＿＿＿＿＿＿＿＿＿＿＿＿＿＿＿＿＿＿＿＿＿＿＿＿＿＿
　　女：＿＿＿＿＿＿＿＿＿＿＿＿＿＿＿＿＿＿＿＿＿＿＿＿＿　| 15 |

① 女性は4月になったのにカレンダーをめくるのを忘れたと言っています。
② 男性はもうすでに春が来たような暖かい天気だと言っています。
③ 女性は春とは思えないくらいの冬の天気が続いていると言っています。
④ 男性は暖かい春よりも寒い冬の天気の方が好きだと言っています。

2）男：＿＿＿＿＿＿＿＿＿＿＿＿＿＿＿＿＿＿＿＿＿＿＿＿＿＿＿＿＿
　　女：＿＿＿＿＿＿＿＿＿＿＿＿＿＿＿＿＿＿＿＿＿＿＿＿＿　| 16 |

① 女性は会社から近いこの食堂に、仕事後に頻繁に訪れます。
② 男性がこの食堂によく訪れる理由は、会社から近いからです。
③ 男性は家から近いこの食堂に、仕事後毎日のように訪れます。
④ 女性は仕事の後、家から近いこの食堂に毎日来ます。

3) ....
　　... 17

① 私はいつも2時間かけて会社に行きます。
② 私は普段のように6時に出社しました。
③ 私はいつもより2時間遅く寝ました。
④ 私は普段より2時間遅く起きました。

4) ....
　　... 18

① 最近はパン食よりも米食が人気を集めています。
② パンで作ったご飯が注目を受けています。
③ 米で作ったパンの味は、普通のパンと同じ味です。
④ パンとご飯を同じくらい多く食べる人が増えました。

7

（空欄はメモをする場合にお使いください）　　　〈2点×2問〉

男：＿＿＿＿＿＿＿＿＿＿＿＿＿＿＿＿＿＿＿＿＿＿＿＿＿＿＿
女：＿＿＿＿＿＿＿＿＿＿＿＿＿＿＿＿＿＿＿＿＿＿＿＿＿＿＿
男：＿＿＿＿＿＿＿＿＿＿＿＿＿＿＿＿＿＿＿＿＿＿＿＿＿＿＿
女：＿＿＿＿＿＿＿＿＿＿＿＿＿＿＿＿＿＿＿＿＿＿＿＿＿＿＿
男：＿＿＿＿＿＿＿＿＿＿＿＿＿＿＿＿＿＿＿＿＿＿＿＿＿＿＿
女：＿＿＿＿＿＿＿＿＿＿＿＿＿＿＿＿＿＿＿＿＿＿＿＿＿＿＿
男：＿＿＿＿＿＿＿＿＿＿＿＿＿＿＿＿＿＿＿＿＿＿＿＿＿＿＿
女：＿＿＿＿＿＿＿＿＿＿＿＿＿＿＿＿＿＿＿＿＿＿＿＿＿＿＿

【問1】解答はマークシートの19番にマークしてください。　　19

　　【質問】유미 씨가 아침 일찍 일어나는 것이 가능한 이유는 무엇입니까?

　　① 会社から早く家に帰れるから
　　② 夜早く眠りにつけるから
　　③ 朝早くコーヒーを飲みたいから
　　④ ジョンウォンさんが起こしてくれるから

【問2】解答はマークシートの20番にマークしてください。　　20

　　① ＿＿＿＿＿＿＿＿＿＿＿＿＿＿＿＿＿＿＿＿＿＿＿＿＿
　　② ＿＿＿＿＿＿＿＿＿＿＿＿＿＿＿＿＿＿＿＿＿＿＿＿＿
　　③ ＿＿＿＿＿＿＿＿＿＿＿＿＿＿＿＿＿＿＿＿＿＿＿＿＿
　　④ ＿＿＿＿＿＿＿＿＿＿＿＿＿＿＿＿＿＿＿＿＿＿＿＿＿

「ハングル」能力検定試験 模擬試験・筆記問題
正答一覧

問題	設問	マークシート番号	正答	配点
1	1)	1	②	1
	2)	2	④	1
	3)	3	①	1
	4)	4	③	1
2	1)	5	④	1
	2)	6	①	1
	3)	7	④	1
	4)	8	①	1
3	1)	9	②	2
	2)	10	④	2
	3)	11	①	2
4	1)	12	③	2
	2)	13	④	2
	3)	14	④	2
5	1)	15	①	2
	2)	16	①	2
	3)	17	①	2

問題	設問	マークシート番号	正答	配点
6	1)	18	①	2
	2)	19	③	2
7	1)	20	④	2
	2)	21	①	2
	3)	22	②	2
	4)	23	①	2
8	1)	24	①	2
	2)	25	③	2
9	1)	26	④	2
	2)	27	①	2
	3)	28	②	2
	4)	29	②	2
	5)	30	②	2
10	1)	31	②	2
	2)	32	④	2
11	1)	33	②	2
	2)	34	①	2

「ハングル」能力検定試験 模擬試験・筆記問題
解答と解説

1

1)

부엌일（台所仕事）
正解 ②［부엉닐］

重要ポイント ㄴ挿入とそれによる鼻音化の問題です。「부엌」と「일」から成る合成語「부엌일（台所仕事）」ではㄴ挿入が起こり、発音は［부억닐］となります。さらに［-억닐］の［ㄱ］＋［ㄴ］の部分で鼻音化が起こり、［ㄱ］＋［ㄴ］→［ㅇ］＋［ㄴ］となるので、最終的な発音は②［부엉닐］です。

2)

연락하세요（連絡してください）
正解 ④［열라카세요］

重要ポイント 流音化と激音化の問題です。「연락」は［열락］、さらに「-락하-」では激音化が起こり［-라카-］となるので、最終的な発音は④［열라카세요］です。

3)

끝날 겁니다（終わるでしょう）
正解 ①［끈날껌니다］

重要ポイント 鼻音化と、連体形「-(으)ㄹ」直後の平音の濃音化の問題です。「끝날」の「끝」のパッチム「ㅌ［ㄷ］」に、「날」の初声［ㄴ］が続くことで［ㄷ］が鼻音化し、［ㄷ］＋［ㄴ］→［ㄴ］＋［ㄴ］となります。さらに「끝나다」の連体形「끝날」が、直後の「거」を濃音化させ［꺼］と発音され、「-ㅂ니다」は鼻音化により［-ㅁ니다］となるので、最終的な発音は①［끈날껌니다］となります。

4)

못 오겠네요（来られないんですね）

正解 ③ [모도겐네요]

重要ポイント　単語間の連音化と鼻音化の問題です。「못」と「오-」の間で単語間の連音化が起こり、[몯오] → [모도] となります。さらに「-겠네-」の部分では、「겠[겓]」のパッチムが「네」の初声[ㄴ]の影響を受けて鼻音化し、[겐네]となるので、最終的な発音は③ [모도겐네요] です。

2

1)

① 극장（映画館、劇場）　② 점심（昼食）
③ 젓가락（箸）　　　　　④ 접시（皿）

正解 ④접시

2)

① 젊다（若い）　　　　② 넓다（広い）
③ 좁다（狭い）　　　　④ 밝다（明るい、精通している、〈夜、年が〉明ける）

正解 ①젊다

3)

① 올리다（上げる、差し上げる、申し上げる、〈式などを〉挙げる）
② 틀리다（違う、間違える、誤る、合わない）
③ 걸리다（〈時間が〉かかる、〈病気に〉かかる）
④ 열리다（開かれる、開く）

正解 ④열리다

4)

① 가끔（時々、たまに）　② 곧（すぐに、まもなく）
③ 거의（ほとんど）　　　④ 그냥（そのまま、ただ）

163

正解 ①가끔

3

1)

늦잠을 (②자서) 아침도 못 먹었어요.
寝坊をして朝ご飯も食べられませんでした。

① 꾸어서 (〈夢を〉見て)　　② 자서 (寝て)
③ 봐서 (見て)　　　　　　 ④ 먹어서 (食べて)

重要ポイント 「늦잠을 자다」は「寝坊をする」。「아침」は「朝」「朝食」で、ここでは「朝食」の意味です。

2)

지난 6월 제주도에서 결혼식을 (④올렸어요).
昨年6月、済州島で結婚式を挙げました。

① 돌아왔어요 (帰って来ました)　② 받았어요 (もらいました)
③ 찾아왔어요 (訪ねて来ました)　④ 올렸어요 (挙げました)

重要ポイント 「결혼식을 올리다」は「結婚式を挙げる」。

3)

오늘은 손님이 많아서 아침부터 (①무척) 바빴어요.
今日はお客様が多くて、朝からとても忙しかったです。

① 무척 (とても、非常に)
② 전혀 (〈否定表現を伴って〉全く、全然、一つも、少しも)
③ 어서 (はやく、さあ、どうぞ)
④ 함께 (一緒に、同時に)

重要ポイント ③「어서」は、相手に行動を促したり、相手に勧めるときの副詞です。
関連例文 어서 드세요. (さあ、召し上がってください)

4

1)

A : 오늘 회사 일이 몇 시에 끝나요?
今日、会社の仕事が何時に終わりますか？
B : 왜요?
どうしてですか？
A : 저녁에 (③갑자기) 시간이 생겨서 같이 식사라도 하고 싶어서요.
夕方に急に時間ができたので、一緒に食事でもしたいからです。

① 잘못（誤って、間違って） ② 꼭（必ず、きっと）
③ 갑자기（急に、突然） ④ 일찍（早く）

重要ポイント 副詞の問題です。「(시간이) 생겨서 (〈時間が〉できて)」を修飾するのに適当で、かつ文脈にふさわしい副詞は③。①잘못は「誤って」「間違って」のほかに、名詞の意味として「誤り」「間違い」「過ち」の意味があります。

2)

A : 이 구두는 어때요?
この靴はどうですか？
B : 좀 작은 것 같아요.
ちょっと小さいようです。
A : 다른 걸 (④보여) 드릴까요?
ほかのものを見せて差し上げましょうか？

① 봐（見て） ② 사（買って） ③ 맞아（合って） ④ 보여（見せて）

重要ポイント 靴屋の店員Aと客Bとの会話と推測できます。最初に試した靴が小さいと言う客に対し、店員が別の商品を提案しているという状況であることが読み取れれば、正解が導き出せます。「다른 걸（ほかのものを）」の「걸」は、「것을」の縮約形です。

3)

A : 언제부터 운동을 시작했어요?
いつから運動を始めましたか？
B : 작년 여름부터요. 건강히 잘 (④지내려고) 노력하고 있어요.
昨年の夏からです。健康に過ごそうと努力しています。

① 붙이려고 (付けようと)　② 버리려고 (捨てようと)
③ 싸우려고 (戦おうと)　④ 지내려고 (過ごそうと)

重要ポイント　「-(으)려고」は「〜しようと」「〜しようとして」「〜するつもりで」のように、ある行為の意図や目的を表したり、「〜しそうで」のように、すぐに起こる動きや状態の変化を表す語尾です。「-(으)려고 하다」の形でも用いられます。

関連例文　눈물이 나오려고 합니다. (涙が出そうです)

5

1)

이번 겨울에는 눈이 진짜 많이 내렸네요.
今年の冬には雪が本当にたくさん降りましたね。

① 아주 (とても、非常に、完全に、すっかり)　② 다시 (再び)
③ 꼭 (必ず、きっと)　④ 자꾸 (しきりに、何度も)

正解　①아주

重要ポイント　「진짜」は「本当」「本物」の意味以外に、副詞として「本当に」「非常に」と強調する意味を持ちます。ここでは直後の「많이 (たくさん)」を強めていますので、置き換えられるのは①아주です。

2)

오랜만에 만나서 옛날 이야기를 하고 싶어요.
久しぶりに会って昔の話をしたいです。

① 나누고 싶어요 (〈話を〉交わしたいです)　② 받고 싶어요 (もらいたいです)
③ 주고 싶어요 (あげたいです)　④ 남기고 싶어요 (残したいです)

正解　①나누고 싶어요

重要ポイント　「나누다」は「分ける」の意味のほかに「(話・情などを)交わす」の意味があります。従って「이야기를 나누다」は「話を交わす」「話をする」の意味になります。

3）

처음부터 끝까지 잘못이 없었어요.
最初から最後まで間違いがありませんでした。

① 틀리지 않았어요 （間違いませんでした）
② 잘못했어요 （間違えました）
③ 잃어버리지 않았어요 （なくしてしまいませんでした）
④ 재미없었어요 （つまらなかったです）

正解 ①틀리지 않았어요

重要ポイント 「잘못」は「過ち」「誤り」「間違い」で、「잘못이 없었어요」は「間違いがありませんでした」という意味になります。「틀리다」は「間違える」「誤る」の意味です。また、「잘못하다」は「間違う」「誤りを犯す」です。

6

1）

주의해서 천천히 걸으세요.
注意してゆっくり歩いてください。

正解 ①걷다

重要ポイント ㄷ変格の問題です。語幹が「ㄷ」で終わる用言に「-으」で始まる語尾（-으系語尾）や「-아/어」で始まる語尾（-아/어系語尾）が続くと、「ㄷ」が「ㄹ」に変化します（→걸으면、걸어서）。②걸다はㄹ語幹のため、「-으系語尾」「-아/어系語尾」が続く場合は、それぞれ、「걸면」「걸어서」となります。

2）

식사한 후에 바로 누웠어요.
食事した後、すぐに横になりました。

正解 ③눕다

重要ポイント ㅂ変格の問題です。語幹が「ㅂ」で終わる用言に「-으系語尾」が続くと、「-으」を付けずに「ㅂ」が脱落して「우」に、「-아/어系語尾」が続くと、「ㅂ」が脱落して「워」に変化します（→누우면、누워서）。「바로」は「すぐに」「まっすぐに」「まさに」の意味です。

7

1)

교수님 (④께서) 보내 주신 영어 사전이에요.
教授が送ってくださった英語の辞書です。

① 한테서 （〈人・動物〉～から、～に）　② 께 （～に：에게の尊敬語）
③ 이 （～が）　④ 께서 （～が：이/가の尊敬語）

重要ポイント 主語が「교수님（教授）」のように尊敬語を使うべき対象である場合は、助詞も尊敬の助詞を使います。②께は「에게（～に）」の尊敬語です。④께서と混同しないよう、きちんと整理して覚えましょう。①한테서は話し言葉的に使われます。同じ意味で、主に書き言葉で使われるのは「에게서」です。

2)

내가 (①없는 사이에) 남편이 점심을 먹으러 나갔어요.
私がいない間に夫が昼食を食べに出かけました。

① 없는 사이에 （いない間に）　② 없는 이상은 （いない以上は）
③ 없는 정도로는 （いないほどでは）　④ 없는 것처럼 （いないかのように）

重要ポイント 「-(으)러」は「～しに」「～するために」で、後ろに「가다」や「오다」など移動を表す動詞を伴って、移動の目的や意図を表す語尾です。「나가다」は「（外へ）出て行く」「出かける」です。

3)

A : 벌써 배가 불러요. 더 이상 못 먹어요.
　　もうおなかがいっぱいです。これ以上食べられません。
B : 못 먹으면 (②남겨도 돼요).
　　食べられなければ残してもいいです。

① 남겨 드려요 （残して差し上げます）
② 남겨도 돼요 （残してもいいです）
③ 남기지 마십시오 （残さないでください）
④ 남기면 안 돼요 （残してはいけません）

重要ポイント ②남겨도 돼요は、「남기다（残す）」＋「-아/어도 되다」＋「-아/어요」。「-아/어도 되다/좋다/괜찮다」は、「～してもよい」「～でもよい」「～し

ても構わない」「〜でも構わない」の意味です。③남기지 마십시오の「-지 마십시오」は「〜なさらないでください」「〜しないでください」の意味です。「-지 마세요」も同様の意味です。

4)

A：지하철에 휴대폰을 놓고 내렸어요.
　　地下鉄に携帯電話を忘れて降りました。
B：정말이에요? 좀 더 (①찾아 봐요).
　　本当ですか？　もう少し探してみてください。

① 찾아 봐요 (探してみてください)　　② 기다려 봐요 (待ってみてください)
③ 올라가 봐요 (上がってみてください) ④ 빌려 봐요 (借りてみてください)

重要ポイント　「놓고 내리다」は「置いて降りた」の意味なので、これで「忘れて降りる」という表現になります。「地下鉄に携帯電話を忘れた」と言うAに対して、Bがかける言葉としてふさわしいのは①です。空欄直前の「좀 더（もう少し）」も正解を導く鍵となる言葉です。
関連例文　집에 지갑을 놓고 나왔어요. (家に財布を忘れて出かけました)

8

1)

ほめられて謙遜するとき。

① 뭘요. (いえいえ／とんでもないです)　② 그럼요. (もちろんです)
③ 잠시만요. (お待ちください)　　　　　④ 건배! (乾杯!)

正解　①뭘요.

重要ポイント　①뭘요は「ほめられて謙遜するとき」や「お礼に対して返答するとき」に使う表現です。②그럼요は「相手の意見に同意するとき」、③잠시만요は「相手に待機を促すとき」「道を譲ってほしいとき」などに使う表現です。

2)

お世話になった人にあいさつするとき。

① 안녕히 주무셨어요? (よくお休みになれましたか?)
② 무슨 말씀을요. (とんでもないです)
③ 신세 많이 졌습니다. (大変お世話になりました)
④ 수고하세요. (お疲れさまです)

正解 ③신세 많이 졌습니다.

重要ポイント ①は目上の人に対する朝のあいさつで、「おはようございます」に相当します。目上の人への寝る前のあいさつ「おやすみなさい」は、「안녕히 주무세요」。「주무시다(お休みになる)」は、「자다(寝る)」の尊敬語です。

9

1)

A : 사장님 계세요?
　　社長さん、いらっしゃいますか?
B : 조금 전에 나가셔서 지금은 안 계십니다.
　　少し前に出かけられて今はいらっしゃいません。
A : 그러면 (④잠시 후에 다시 전화를 하겠습니다.)
　　では、しばらく後でもう一度電話します。

① 사장님께서 몇 시에 돌아오셨어요?
　 (社長さんは何時に戻られましたか?)
② 제가 사장님께 말씀드리겠습니다.
　 (私が社長さんにお話し申し上げます)
③ 지금 곧 다녀오겠습니다.
　 (今すぐ行って来ます)
④ 잠시 후에 다시 전화를 하겠습니다.
　 (しばらく後でもう一度電話します)

重要ポイント 「社長は外出していて今はいない」と言うBに対して、Aが「그러면(では)」と返答していることから、Aが次に取る行動としてふさわしいものを選ぶ問題であることが分かります。①は過去形なのでこれから取る行動とは言えず、また、②は文脈に合いません。③は具体的にどこに行くのか述べられていないため、あいまいで正解にはなりません。「말씀(お言葉、お話)」は、「말」の尊敬・謙譲語です。「말씀드리다」は「お話し申し上げる(謙譲表現)」、「말씀하시다」は「お話しなさる(尊敬表現)」です。

2)

A : 이번 주말에 만나서 무엇을 할까요? 나는 옷을 사러 백화점에 가고 싶거든요.
今度の週末に会って何をしましょうか？　私は洋服を買いにデパートに行きたいんです。
B : 좋아요. 근데 어느 백화점으로 갈 생각이에요?
いいですよ。ところでどのデパートに行くつもりですか？
A : 지금 생각하고 있는 중이에요. (①정하면 연락할게요).
今考えているところです。決まったら連絡しますね。

① 정하면 연락할게요 （決まったら連絡しますね）
② 지하철로 가면 빨라요 （地下鉄で行けば早いです）
③ 12시에 만납시다 （12時に会いましょう）
④ 일요일이 좋습니다 （日曜日がいいです）

重要ポイント　空欄の直前で「지금 생각하고 있는 중이에요.（今考えているところです）」と、即答せず答えを保留しているので、その言葉につながるのは正解の①です。「-는 중이다」は「～しているところだ」で、「-는 중에」は「～しているところで」「～している最中で」の意味です。

3)

A : 죄송하지만 이 돈으로 먹을 것을 좀 사 와 주시겠어요?
申し訳ありませんが、このお金で食べる物をちょっと買ってきてくださいませんか？
B : (②어떻게 된 거죠?)
どうしたんですか？
A : 오늘 아침부터 몸이 많이 아파서 밖에 나갈 수가 없어요.
今日の朝から体の具合がとても悪くて、外出できないんです。

① 그렇지요. （そうですよ）　② 어떻게 된 거죠? （どうしたんですか?）
③ 사지 못해요. （買えません）
④ 무엇을 사러 갈까요? （何を買いに行きましょうか?）

重要ポイント　空欄部分のBの発言を受けて、Aが「体の具合がとても悪くて外出できない」と事情を説明していることから、Bがその理由を尋ねている②が正解です。

4)

A : 휴가 때, 어디 갈 계획 있어요?
　　休暇の時、どこかに行く計画がありますか?
B : 아니요. (②집에 있을 생각이에요).
　　いいえ。家にいるつもりです。
A : 왜요? 같이 놀러 가요.
　　どうしてですか?　一緒に遊びに行きましょう。

① 해외 여행을 다녀와요 (海外旅行に行って来ます)
② 집에 있을 생각이에요 (家にいるつもりです)
③ 바지를 살 거예요 (ズボンを買うつもりです)
④ 바쁘기 때문입니다 (忙しいからです)

重要ポイント　「休暇にどこかに出かけるか」という問いにBは「いいえ」と答えているので、尋ねられたことと反対の内容である②が正解になります。ここでの「어디」は「どこか」の意味で、「어디 아프세요?(どこか具合がお悪いのですか?)」のように使います。「-(으)ㄹ 생각이다」は「〜するつもりだ」「〜する予定だ」の意味で、「-(으)ㄹ 거예요(〜すると思います、〜するつもりです)」と同じ意味です。「-(으)ㄹ 생각으로」は「〜するつもりで」。④の「-기 때문입니다」は「〜だからです」、「-기 때문에」は「〜なので」の意味です。

5)

A : 이 냉면, 참 맛있네요. 그리고 이 그릇도 예쁘네요.
　　この冷麺、本当においしいですね。それからこの器も美しいですね。
B : 네. 그릇이 예쁘니까 (②음식이 더 맛있어 보이네요).
　　はい。器が美しいので食べ物がよりおいしそうに見えますね。
A : 정말 그러네요.
　　本当にそうですね。

① 다음에는 더 비싼 것을 먹어요 (次はもっと高いものを食べます)
② 음식이 더 맛있어 보이네요 (食べ物がよりおいしそうに見えますね)
③ 더 이상 먹는 것이 힘들어요 (これ以上食べるのがつらいです)
④ 맥주도 마실 마음이 생겼어요 (ビールも飲む気分になりました)

重要ポイント　空欄の直前の「-(으)니까(〜なので、〜だから)」が正解を導くポイントになります。空欄には「-(으)니까」を受けて順接の関係で結ばれる②が入ります。②の「-아/어 보이다」は「〜のように見える」の意味です。「-(으)니까」は「〜なので」「〜だから」のほかに「〜すると」「〜したら」の意味もあります。④の「-(으)ㄹ 마음이 생기다」は「〜する気持ちが生じる」です。

10

영 미 : 준호 씨, 취미는 무엇입니까?
ヨンミ：ジュノさん、趣味は何ですか？
준 호 : 저는 사진을 찍는 것입니다. 어렸을 때부터 카메라를 좋아해서 많은 사진을 찍어 왔습니다.
ジュノ：私は写真を撮ることです。小さいころからカメラが好きでたくさんの写真を撮ってきました。
영 미 : 그래요? 어떤 사진을 찍어요?
ヨンミ：そうですか？　どんな写真を撮りますか？
준 호 : 동물 사진이에요. 특히 새 사진을 좋아해요. 주말이 되면 아침부터 산에 올라가서 예쁜 새를 찾아 그것을 찍어요.
ジュノ：動物の写真です。特に鳥の写真が好きです。週末になると朝から山に登って美しい鳥を探してそれを撮ります。
영 미 : 정말이에요? (②저도 새를 참 좋아하거든요).
ヨンミ：本当ですか？　私も鳥が本当に好きなんですよ。
준 호 : 그러면 다음 주 일요일에 새 사진을 찍으러 산에 같이 갈까요?
ジュノ：では来週の日曜日に鳥の写真を撮りに山に一緒に行きましょうか？
영 미 : 네. 꼭 가고 싶어요.
ヨンミ：はい。ぜひ行きたいです。

語　彙　어렸을 때부터 (幼いころから：어리다+아/어ㅆ을 때부터) ／찍어 왔습니다 (撮ってきました：찍다+아/어 오다+아/어ㅆ습니다) ／올라가서 (登って、登って行って：올라가다+아/어서) ／-(으)러 (～しに) ／꼭 (ぜひ、必ず、きっと)

1)

① 새 사진은 옛날에 많이 찍었어요 (鳥の写真は昔たくさん撮りました)
② 저도 새를 참 좋아하거든요 (私も鳥が本当に好きなんですよ)
③ 이제 새에는 관심이 없어요 (もう鳥には関心がありません)
④ 고양이 사진도 찍고 싶어요 (猫の写真も撮りたいです)

正解　②저도 새를 참 좋아하거든요

重要ポイント　空欄直後のジュノの「그러면 (では、それなら)」が正解を導くポイントです。続けてジュノが「鳥の写真を撮りに山に一緒に行きましょうか？」とヨンミを誘う発言をしていることから、その直前にヨンミが鳥や写真、山に対して興味を示す発言をしていることが推測できます。

2)

① 영미는 산의 사진을 찍는 취미를 가지고 있습니다.
（ヨンミは山の写真を撮る趣味を持っています）
② 준호는 벌써 동물 사진에 관심을 잃어버렸습니다.
（ジュノはすでに動物の写真に関心を失ってしまいました）
③ 영미는 산에 가서 새를 잡는 것이 취미입니다.
（ヨンミは山に行って鳥をつかまえるのが趣味です）
④ 준호는 어린아이 때부터 사진을 찍는 것을 해 왔습니다.
（ジュノは幼い子供の時から写真を撮ることをしてきました）

正解 ④준호는 어린아이 때부터 사진을 찍는 것을 해 왔습니다.

重要ポイント「어렸을 때부터 카메라를 좋아해서 많은 사진을 찍어 왔습니다（小さいころからカメラが好きでたくさんの写真を撮ってきました）」というジュノの発言を言い換えたのが正解の④です。本文・対話文の内容と一致するもの、または異なる内容を選ぶ問題では、本文に書かれた表現を選択肢で言い換えている場合が多いので注意深く読みましょう。

語彙 잃어버리다（失う、なくす）／잡다（つかまえる）

11

어제는 아주 기분 좋은 날이었습니다. 새 친구가 생겨서 이야기를 나누었고, 그리고 주말에는 같이 영화를 보러 갈 약속까지 했습니다. 이 친구가 언제까지라도 함께하고 싶은 사람이 되면 얼마나 기쁠까요?

昨日はとても気分の良い日でした。新しい友達ができて、(その友達と)話をし、そして週末には一緒に映画を見に行く約束までしました。この友達がいつまでも一緒にいたいと思う人になればどれほどうれしいでしょうか？

語彙 새（新しい～）／이야기를 나누다（話をする、話を交わす）／-(으)러 가다（～しに行く）／약속（約束）／-(이)라도（～でも）／함께하다（共にする、一緒にいる）／얼마나（どれくらい、どんなに）／기쁘다（うれしい）

1)

① 힘든 날 （大変な日） ② 기쁜 날 （うれしい日）
③ 슬픈 날 （悲しい日） ④ 아픈 날 （体調が悪い日）

正解 ②기쁜 날

重要ポイント 本文中の「어제는 아주 기분 좋은 날이었습니다.(昨日はとても気分の良い日でした)」を言い換えたのが正解の②です。①は形容詞「힘들다(大変だ【ㄹ語幹】)」に、現在連体形の語尾「-(으)ㄴ」が付いた形。ㄹ語幹のため、現在連体形は「힘든」となります。

語　彙 힘든 날 (힘들다【ㄹ語幹】+-(으)ㄴ(現在連体形)+날)

2)

① 어제 친구 세 명하고 영화를 보러 갔습니다.
（昨日友達3人と映画を見に行きました）
② 주말에 친구하고 영화를 보러 갈 겁니다.
（週末に友達と映画を見に行く予定です）
③ 새 친구와 함께 같은 시간을 보냈습니다.
（新しい友達と一緒に同じ時間を過ごしました）
④ 이 친구하고 앞으로도 같이하고 싶습니다.
（この友達とこれからも一緒にいたいです）

正解 ①어제 친구 세 명하고 영화를 보러 갔습니다.

重要ポイント 本文の内容と一致しないものを選ぶ問題です。本文中の「주말에는 같이 영화를 보러 갈 약속까지 했습니다.(週末には一緒に映画を見に行く約束までしました)」から、②は内容と一致することが分かります。③は、「이야기를 나누었고(話を交わし)」が根拠となり本文の内容と一致します。④は、本文中の「이 친구가 언제까지라도 함께하고 싶은 사람이 되면 얼마나 기쁠까요?(この友達がいつまでも一緒にいたいと思う人になればどれほどうれしいでしょうか？)」を言い換えた表現ですのでこれも本文と一致します。「같이하다」は本文中の「함께하다」と同じ意味です。本文には「새 친구(新しい友達)」とありますが、「친구 세 명(友達3人)」についての言及はどこにもないので、本文の内容と一致しないのは①です。固有数詞「셋(3つ)」の連体形「세(3つの)」と「새(新しい～)」を混同しないように気を付けましょう。

「ハングル」能力検定試験 模擬試験・聞取問題
正答一覧

問題	設問	マークシート番号	正答	配点
1	1)	1	④	2
1	2)	2	②	2
1	3)	3	①	2
1	4)	4	①	2
2	1)	5	②	2
2	2)	6	③	2
3	1)	7	①	2
3	2)	8	①	2
3	3)	9	①	2
4	1)	10	④	2
4	2)	11	①	2
4	3)	12	④	2
5	1)	13	②	2
5	2)	14	③	2
6	1)	15	③	2
6	2)	16	①	2
6	3)	17	④	2
6	4)	18	③	2
7	1)	19	②	2
7	2)	20	④	2

「ハングル」能力検定試験 模擬試験・聞取問題
解答と解説

1

1)

【読み上げ文】

(④이달) 중에 결과를 발표하겠습니다.
今月中に結果を発表します。

① 입구（入り口）　② 일흔 (70)　③ 이틀（2日）　④ 이달（今月）

重要ポイント　どの単語も「이」で始まっているため、終声（パッチム）や次の文字の初声を正しく聞き取れるかがポイントです。②は、ㅎの弱化・脱落により実際の発音は［이른］となります。

2)

【読み上げ文】

어젯밤에는 잠을 (②잘 못 잤어요).
昨日の夜はよく眠れませんでした。

① 잘못했어요（間違っていました）
② 잘 못 잤어요（よく眠れませんでした）
③ 잘 못 알아들었어요（よく聞き取れませんでした）
④ 잘하셨어요（よくおできになりました）

重要ポイント　どの選択肢も最初の「잘」は共通しています。さらに④以外はすべて「잘 못 ～／잘못～」の形ですので、それに続く部分を正しく聞き取れるかがポイントになります。①は激音化により［잘모태써요］、②は濃音化により［잘모짜써요］、③は単語間の連音化により［모다라드러써요］、④はㅎの弱化・脱落により［자라셔써요］と発音されます。

3）

【読み上げ文】

엄마가 옛날이야기를 (①들려주었어요).
ママが昔話を聞かせてくれました。

① 들려주었어요 (聞かせてくれました)　　② 돌려주었어요 (返してくれました)
③ 들어 주었어요 (聞いてくれました)　　④ 돌아 주었어요 (回ってくれました)

重要ポイント　母音「으」「오」を正しく聞き取ることが正解につながる問題です。両者の聞き分けの判断がつかないと、①들려か②돌려で迷ってしまいます。③の「들어」の辞書形は「듣다【ㄷ変格】」です。

4）

【読み上げ文】

아들은 내년에 (①열여덟 살)이 됩니다.
息子は来年18歳になります。

① 열여덟 살 (18歳)　　② 열일곱 살 (17歳)
③ 열아홉 살 (19歳)　　④ 열여섯 살 (16歳)

重要ポイント　③以外は「열」の後ろにㄴが挿入され、その次に連音化が起きます。これにより①と④は［열려-］、②は［열릴-］のような発音になります。「열」の次に「아」が続く③ではこの現象は起きません。また、すべてにおいて、「살」は直前の終声（パッチム）の影響を受け濃音化し、［쌀］と発音されます。従ってそれぞれの選択肢の発音は、①［열려덜쌀］、②［열릴곱쌀］、③［여라홉쌀］、④［열려섣쌀］となります。

2

【読み上げ文】

男：오늘은 일요일이니까 저녁은 내가 만들어 줄게요. 무엇을 먹고 싶어요?
今日は日曜日なので夕飯は私が作ってあげます。何を食べたいですか?
女：난 오랜만에 김밥을 먹고 싶어요. 그리고 떡볶이도.
私は久しぶりにのり巻きを食べたいです。それからトッポッキも。
男：미안하지만 떡복이는 못 만들어요. 떡국이면 만들어 줄게요.

申し訳ないですが、トッポッキは作れません。トッククならば作ってあげます。
女：괜찮아요. 생선 요리가 있으면 좋겠네요. 그리고 오이, 토마토 같은 생야채도.
大丈夫です。魚料理があるといいですね。それからキュウリ、トマトのような生野菜も。
男：알았어요. 맛있게 해 줄게요.
分かりました。おいしく作りますね。

1）

【質問】
남자는 여자에게 무엇을 만들어 줄 생각입니까?
男性は女性に何を作ってあげるつもりですか?

正解 ②

重要ポイント 男性が女性に作ってあげる料理名や食材名を聞き取る問題です。情報量が多いので、聞き取りながら頭の中で整理し、同時に語尾や接続助詞などの細かい部分も聞き逃さないよう注意を払いましょう。特に、男性の「미안하지만 떡볶이는 못 만들어요. 떡국이면 만들어 줄게요.(申し訳ないですが、トッポッキは作れません。トッククならば作ってあげます)」の「못」や「-이면」を正しく聞き取ることで正解を導けるでしょう。

語彙 -(이)니까 ([名詞] 〜なので、だから)／오랜만에 (久しぶりに)／김밥 (のり巻き)／떡볶이 (トッポッキ)／생선 요리 (魚料理)／오이 (キュウリ)／토마토 (トマト)／생야채 (生野菜)／-(으)ㄹ 생각 (이다) (〜するつもりだ)

2）

【質問】
이 남자는 어디서 무엇을 하고 있습니까?
この男性はどこで何をしていますか?

【選択肢】
① 부엌에서 접시를 씻고 있습니다.
台所で皿を洗っています。
② 편의점에서 잡지를 보고 있습니다.
コンビニで雑誌を読んでいます。
③ 문 앞에서 신발을 닦고 있습니다.
ドアの前で靴を磨いています。

④ 방 안에서 안경을 찾고 있습니다.
部屋の中でメガネを探しています。

正解 ③

重要ポイント 熟語の問題です。日常生活レベルでもよく使われる単語や表現ばかりなのでしっかり押さえておきましょう。選択肢②の「잡지를 보다」は、「雑誌を見る」→「雑誌を読む」という表現です。
語彙 부엌(台所)／접시(皿)／씻다(洗う)／편의점(コンビニ)／닦다(磨く)

3

1)

【読み上げ文】

이 한국 소설 어땠어요?
この韓国の小説、どうでしたか？

① 말로 할 수 없어요. (言葉にできません)
② 나도 쓰고 싶었어요. (私も書きたかったです)
③ 참 많이 늘었어요. (本当にとても上達しました)
④ 아주 잘 들렸어요. (とてもよく聞こえました)

正解 ①말로 할 수 없어요.

重要ポイント 「어땠어요?(どうでしたか？)」というのは、小説を読んだ感想を尋ねています。正解の①말로 할 수 없어요は「言葉にできません」「言葉では言い表せません」の意味です。この文章の意味が分からなくてもその他の選択肢が文脈に合わないため、消去法でも選ぶことができます。
語彙 소설(小説)／참(本当に、とても)／늘다(伸びる、増える、上達する)／들리다(聞こえる)

2)

【読み上げ文】

여기서 뭘 하고 있어요?
ここで何をしていますか？

① 사진을 찍으려고 해요. (写真を撮るところです)

② 냉면을 하나 주세요. (冷麺を1つください)
③ 지금 돌아가는 중이에요. (今帰るところです)
④ 수업이 일찍 끝났어요. (授業が早く終わりました)

正解 ①사진을 찍으려고 해요.

重要ポイント 「여기서 뭘 하고 있어요?(ここで何をしていますか?)」は、「今この場で何をしているのか」を尋ねるものです。正解①の「사진을 찍으려고 해요」の「-(으)려고 하다」は、「〜しようと思う」「〜であると思う」で「これからすぐに起きる動きや状態の変化や行為の意図」を表す語尾です。

語彙 뭘＝무엇을 (何を) ／돌아가다 (帰る、戻る)

3）

【読み上げ文】
어디로 나가요?
どこから出ますか?

① 왼쪽으로 가면 출구가 보여요. (左に行くと出口が見えます)
② 잠시만요. 여기 있습니다. (お待ちください。どうぞ)
③ 이쪽이 아니고 저쪽에 있어요. (こちらではなくてあちらにあります)
④ 손님들이 많이 오셨어요. (お客様がたくさんいらっしゃいました)

正解 ①왼쪽으로 가면 출구가 보여요.

重要ポイント 質問の「어디로 나가요?」は、「どちら(の方向)へ出て行きますか?」つまり「どこから出ますか?」という意味で「出口がどこか」を尋ねています。②や③の「여기(ここ)」「이쪽(こっち、こちら)」「저쪽(あっち、あちら)」などの方向を表す表現のみに気を取られず、質問に対しふさわしい返答を判断しましょう。

語彙 왼쪽 (左、左側) ／출구 (出口) ／보이다 (見える) ／잠시만요 (お待ちください) ／여기 있습니다 (ここにあります→どうぞ：相手に物や代金などを差し出すときの表現) ／들어오다 (入って来る)

4

1）

【読み上げ文】

사장님은 그저께 일본을 떠나서 어저께 미국에 도착하셨습니다.
社長は、おととい日本を発ち、昨日アメリカに到着されました。

正 解 ④社長は、おととい日本を発ち、昨日アメリカに到着されました。

重要ポイント 「그저께（一昨日）」「어저께（昨日）」「떠나다（出発する、離れる）」の意味がしっかり理解できていれば解ける問題です。特に「그저께」と「어저께」の意味を混同させないように整理しておきましょう。

語 彙 사장（社長）／-님（～様、～さん：一部の名詞について尊敬を表す）／떠나다（出発する、離れる）／미국（アメリカ、米国）／도착하다（到着する）

2）

【読み上げ文】

날씨는 이렇게 덥지만 건강에 좋은 음료수는 찬 맥주가 아니라 따뜻한 홍차예요.
天候はこんなに暑いですが、健康に良い飲料水は冷たいビールではなく温かい紅茶です。

正 解 ①天候はこんなに暑いですが、健康に良い飲料水は冷たいビールではなく温かい紅茶です。

重要ポイント 本試験ではこれほど長い選択肢が出題されることはないと思われますが、選択肢の長さに圧倒されず、読み上げられた文の単語を「正しく聞き取る」ことに集中しましょう。前の問題から次の問題に移るまでの時間を利用して各選択肢に共通する部分をチェックしておくことも正解を導く上で有効です。「こんなに」「健康に良い」は全選択肢に共通しているため、「暑い」「蒸し暑い」⇔「寒い」、「冷たい」⇔「温かい」「ぬるい」、「紅茶」：「お茶」のように、相反する語や意味の異なる語、類似表現などに目を通しておくことで、キーポイントを聞き逃さず正解にたどり着くことができるでしょう。

3）

【読み上げ文】

다음 달에 스물두 살이 되는 딸은 내년 가을에 영국으로 유학을 갈 예정입니다.
来月22歳になる娘は、来年の秋にイギリスに留学する予定です。

正解 ④来月22歳になる娘は、来年の秋にイギリスに留学する予定です。

重要ポイント 「22」の連体形「스물두」と「32」の連体形「서른두」、「가을（秋）」と「겨울（冬）」、「영국（イギリス）」と「영어（英語）」など混同しやすい発音に注意しましょう。

語彙 스물두（22：스물둘の連体形）／영국（イギリス、英国）／-(으)ㄹ 예정이다（～する予定だ）

5

1）

【読み上げ文】

女：요즘 건강이 어때요?
　　最近、体の調子はどうですか？
男：글쎄요……, 가끔 걸을 때 허리가 아파요.
　　そうですね……、時々、歩くときに腰が痛いです。
女：그럴 때는 허리를 펴지 말고 천천히 걸어 보세요. 특히 계단을 올라갈 때와 내려갈 때는 주의를 하셔야 해요.
　　そんなときは腰を伸ばさずにゆっくり歩いてみてください。特に階段を昇るときと降りるときは注意をされなければなりません。
男：늘 걱정해 주셔서 정말 감사합니다.
　　いつも心配してくださってありがとうございます。

【質問】 何についての会話ですか？

【選択肢】
① 올라가는 데（昇るところ）　　② 아픈 데（痛いところ）
③ 내려가는 데（降りるところ）　　④ 걷는 데（歩くところ）

正解 ②아픈 데

重要ポイント 女性が男性の体調を尋ね、それに対し男性が具合の悪い部分、つ

まり「아픈 데」について話しているという状況を聞き取れれば②を正解として選べます。「올라가다」「내려가다」「걷다」などの動詞につられてその他の選択肢を選んでしまわないよう、文の要旨を把握することが重要です。

　　語　彙　　요즘（近頃、最近）／건강（健康）／글쎄요（さあ：即答に困るときに言う言葉）／가끔（たまに、時々）／걷다【ㄷ変格】（歩く）／펴다（広げる、開く、伸ばす、敷く）／-지 말고（～せずに）／걸어 보세요（歩いてみてください：걷다+아/어 보다+(으)세요）／계단（階段）／올라가다（登る、上がる、昇る、さかのぼる、上京する）／내려가다（降りる：내리다+가다）／주의（注意）／-아/어야 하다（～しなくてはならない、～でなくてはならない、～すべきだ、～であるべきだ）／늘（常に、いつも）／걱정하다（心配する）／-는 데（～するところ、～する点：動詞・存在詞に付く）

2）

【読み上げ文】

女：신학기부터 아르바이트를 다시 시작했어요.
　　新学期からアルバイトを再開しました。
男：어디서요? 지금 커피숍에서는 안 해요?
　　どこでですか？　今コーヒーショップでは（アルバイトを）していないのですか？
女：네. 지금은 컴퓨터 회사에서 알바를 해요. 회사의 홈피를 만드는 일을 하고 있거든요.
　　はい。今はコンピュータ会社でアルバイトをしています。会社のホームページを作る仕事をしているんですよ。
男：재미있겠네요. 근데 나도 이번 달부터 알바로 중국어를 가르치고 있어요.
　　面白そうですね。ところで、私も今月からアルバイトで中国語を教えています。

【質問】女性は今、どこでアルバイトをしていますか？

【選択肢】
① 커피숍　（コーヒーショップ）　　② 중국어 학교　（中国語学校）
③ 컴퓨터 회사　（コンピュータ会社）　④ 백화점　（百貨店、デパート）

正　解　③ 컴퓨터 회사

　　重要ポイント　　「女性が現在行っているアルバイト」を答える問題。女性が過去に行っていたアルバイトや男性が現在行っているアルバイトなども情報として出てきますが、それぞれの情報を整理しながら聞けば正解を導けます。
　　語　彙　　신학기（新学期）／아르바이트、알바（アルバイト）／커피숍（コーヒーショップ）／홈피＝홈페이지（ホームページ）／재미있다（面白い、興味がある）／중국어（中国語）／백화점（百貨店、デパート）

6

1)

【読み上げ文】

男：4월이 됐지만 아직도 춥네요.
　　4月になったのにまだ寒いですね。

女：네. 달력을 보면 벌써 봄이지만 겨울 날씨가 계속되고 있어요.
　　はい。カレンダーを見るとすでに春ですが、冬の天気が続いています。

正解 ③女性は春とは思えないくらいの冬の天気が続いていると言っています。

重要ポイント 「달력을 보면 벌써 봄이지만（カレンダーを見るとすでに春ですが）」は、正解③「春とは思えないくらい」の部分を言い換えた表現です。
　語彙 달력（カレンダー）／벌써（すでに、もう）／계속되다（続く、継続する）

2)

【読み上げ文】

男：자주 이 식당에 오십니까?
　　よくこの食堂にいらっしゃいますか？

女：네. 회사에서 가깝거든요. 일이 끝나면 매일같이 옵니다.
　　はい。会社から近いんです。仕事が終わると毎日のように来ます。

正解 ①女性は会社から近いこの食堂に、仕事後に頻繁に訪れます。

重要ポイント 「매일같이」は「毎日」ではなく「毎日のように」です。正解①の選択肢文中の「頻繁に」は、この部分を言い換えたものです。③は、「毎日のように」は一致しますが、「男性は」の部分と「家から近い」という内容が対話文の内容と一致しません。
　語彙 자주（よく、しょっちゅう、しばしば）

3)

【読み上げ文】

나는 어제 늦잠을 자서 회사를 지각했습니다. 보통 6시에 일어나지만 어제는 8시에 잠이 깼습니다.

私は昨日寝坊をして会社に遅刻しました。普段 6時に起きますが、昨日は 8時に目が覚めました。

正 解 ④私は普段より2時間遅く起きました。

重要ポイント 「보통 6시에 일어나지만 어제는 8시에 잠이 깼습니다(普段6時に起きますが、昨日は8時に目が覚めました)」から正解は④です。本文を正しく聞き取り内容を把握できれば、選択肢で別の表現になっていても正解を導けます。

語 彙 늦잠을 자다 (寝坊する)／지각하다 (遅刻する)／보통 (普段、普通)／잠이 깨다 (目覚める)

4)

【読み上げ文】

요즘 쌀보다 빵을 많이 먹는 사람들이 늘고 있는 가운데 쌀로 만든 빵이 나와서 인기를 모으고 있습니다. 맛은 보통 빵과 다르지 않습니다.
最近、米よりパンを多く食べる人が増えている中で、米で作ったパンが出てきて、人気を集めています。味は普通のパンと変わりません。

正 解 ③米で作ったパンの味は、普通のパンと同じ味です。

重要ポイント 正解は、読み上げられた文中の「맛은 보통 빵과 다르지 않습니다(味は普通のパンと変わりません)」の内容を別の表現にしたものです。「味は変わらない」とはつまり「同じ味」ということ。その他の選択肢は本文に出てきた表現を一部使っているだけで、その内容は本文と一致しません。

語 彙 요즘 (近頃、最近)／쌀 (米)／-고 있다 (~している)／-는 가운데 (~する中〈で〉、~する間に、~している間に、~する内に、~している内に : 動詞・存在詞に付く)／인기 (人気)／모으다 (集める)／다르다 (異なっている、違う、別だ)

7

【読み上げ文】

男 : 매일 몇 시에 회사에 나와요? 유미 씨가 제일 먼저 회사에 오죠?
　　毎日何時に会社に出社しますか？　ユミさんが一番早く会社に来ますよね？
女 : 보통 7시에 집을 나와서 8시에는 책상에 앉아 있어요.
　　普段7時に家を出て、8時には机に座っています。
男 : 나보다 한 시간쯤 일찍 오네요. 아침에 일찍 일어나는 것이 힘들지

않아요?
私より１時間ほど早く来るんですね。朝早く起きるのが大変ではないですか？

女：옛날에는 힘들었지만 이제는 괜찮아요. 밤 10시가 되면 자고 매일 아침 5시쯤에는 일어나기 때문이에요.
昔は大変でしたが、今は大丈夫です。夜10時になると寝て、毎朝5時くらいには起きるからです。

男：나는 그렇게 일찍 자지도 일어나지도 못해요. 그런데 일찍 회사에 와서 먼저 뭘 해요?
私はそんなに早く寝ることも起きることもできません。ところで、早く会社に来てまず何をしますか？

女：회사에 도착하면 우선 컴퓨터를 켜고 커피를 마셔요. 일을 하기 전에 마시는 커피는 냄새도 좋고 제일 맛있어요.
会社に到着するとまずコンピュータをつけて、コーヒーを飲みます。仕事をする前に飲むコーヒーは香りも良くて一番おいしいです。

男：역시 이렇게 어린 유미 씨가 일을 잘하는 것은 다 이유가 있었네요.
やはりこんなに若いユミさんが、仕事がよくできるのにはすべて理由があったんですね。

女：무슨 말씀을요, 정원 씨. 언제나 저를 도와주셔서 감사의 말씀을 드리고 싶어요.
とんでもないです、ジョンウォンさん。いつでも私を助けて下さって感謝の言葉を申し上げたいです。

語　彙　일찍 (早く) ／이제 (今、もうすぐ、もう、すでに) ／-기 때문이다 (～するからである、～であるからである) ／그렇게 (そのように、それほど、非常に) ／우선 (まず、ともかく) ／켜다 (〈火、電気製品を〉つける、〈弦楽器などを〉弾く) ／-기 전에 (～する前〈に〉、〈形容詞・指定詞〉～である前〈に〉) ／역시 (やはり、やっぱり) ／어리다 (幼い、年若い、足りない、幼稚だ) ／이유 (理由、わけ) ／도와주다 (助けてやる、手伝う、援助する、世話をする) ／말씀 (을) 드리다 (申し上げる、お話しする)

【問1】

【質問】

유미 씨가 아침 일찍 일어나는 것이 가능한 이유는 무엇입니까?
ユミさんが朝早く起きることが可能な理由は何ですか？

正解　②夜早く眠りにつけるから

重要ポイント　「早起きが大変なのでは？」という男性の問いに対する女性の答えがまさに【問1】の質問の答えになります。「밤 10시가 되면 자고 매일 아침

5시쯤에는 일어나기 때문이에요.(夜10時になると寝て、毎朝５時くらいには起きるからです)」という返答から正解は②であることが分かります。

【問2】

【読み上げ文】

① 유미 씨는 회사에 오면 먼저 책상에 앉아서 커피를 마셔요.
　ユミさんは会社に来るとまず机に座ってコーヒーを飲みます。
② 정원 씨는 매번 유미 씨 다음에 일찍 회사에 옵니다.
　ジョンウォンさんは毎回ユミさんの次に早く会社に来ます。
③ 유미 씨는 아직은 젊어서 컴퓨터도 끄지 못합니다.
　ユミさんはまだ若いのでコンピュータも消せません。
④ 정원 씨는 유미 씨가 일을 잘하는 이유를 이해했습니다.
　ジョンウォンさんはユミさんが仕事がよくできる理由を理解しました。

正解 ④정원 씨는 유미 씨가 일을 잘하는 이유를 이해했습니다.

重要ポイント 「유미 씨가 일을 잘하는 것은 다 이유가 있었네요.(ユミさんが、仕事がよくできるのには理由があったんですね)」というジョンウォンのひと言から、④を正解として選べます。①は、「먼저 책상에 앉아서 커피를 마셔요.(まず机に座ってコーヒーを飲みます)」が、対話文の「회사에 도착하면 우선 컴퓨터를 켜고 커피를 마셔요.(会社に到着するとまずコンピュータをつけて、コーヒーを飲みます)」の部分と一致しません。また、ジョンウォンは「私より1時間ほど早く来るんですね」と言っているのみで、ユミの次に会社に来ることには言及していませんので②も一致せず、ジョンウォンは「ユミさんが若い」と言ってはいますが、それが「コンピュータを消せない理由」だという表現は一切していないので、③も一致しません。

語彙 아직 (まだ、いまだに、なお、やはり)／젊다 (若い)／끄다 (消す)／이해하다 (理解する)

「ハングル」能力検定試験 模擬試験 マークシート

【注意事項】
① 解答にはHBの黒鉛筆(シャープペンシル可)を使用してください。
② 解答を訂正する場合は消しゴムできれいに消してください。
③ 所定の場所以外は記入しないでください。
④ 例のように解答番号を正しくマークしてください。

●マーク例

良い例	悪い例
■	[ ] [✓] [—] [●]

■ 筆記問題

問題	問	解答番号	マークシートチェック欄
1	1	1	[1] [2] [3] [4]
	2	2	[1] [2] [3] [4]
	3	3	[1] [2] [3] [4]
	4	4	[1] [2] [3] [4]
2	1	5	[1] [2] [3] [4]
	2	6	[1] [2] [3] [4]
	3	7	[1] [2] [3] [4]
	4	8	[1] [2] [3] [4]
3	1	9	[1] [2] [3] [4]
	2	10	[1] [2] [3] [4]
	3	11	[1] [2] [3] [4]
4	1	12	[1] [2] [3] [4]
	2	13	[1] [2] [3] [4]
	3	14	[1] [2] [3] [4]
5	1	15	[1] [2] [3] [4]
	2	16	[1] [2] [3] [4]
	3	17	[1] [2] [3] [4]
6	1	18	[1] [2] [3] [4]
	2	19	[1] [2] [3] [4]
7	1	20	[1] [2] [3] [4]
	2	21	[1] [2] [3] [4]
	3	22	[1] [2] [3] [4]
	4	23	[1] [2] [3] [4]
8	1	24	[1] [2] [3] [4]
	2	25	[1] [2] [3] [4]
9	1	26	[1] [2] [3] [4]
	2	27	[1] [2] [3] [4]
	3	28	[1] [2] [3] [4]
	4	29	[1] [2] [3] [4]
	5	30	[1] [2] [3] [4]

問題	問	解答番号	マークシートチェック欄
10	1	31	[1] [2] [3] [4]
	2	32	[1] [2] [3] [4]
11	1	33	[1] [2] [3] [4]
	2	34	[1] [2] [3] [4]

■ 聞取問題

問題	問	解答番号	マークシートチェック欄
1	1	1	[1] [2] [3] [4]
	2	2	[1] [2] [3] [4]
	3	3	[1] [2] [3] [4]
	4	4	[1] [2] [3] [4]
2	1	5	[1] [2] [3] [4]
	2	6	[1] [2] [3] [4]
3	1	7	[1] [2] [3] [4]
	2	8	[1] [2] [3] [4]
	3	9	[1] [2] [3] [4]
4	1	10	[1] [2] [3] [4]
	2	11	[1] [2] [3] [4]
	3	12	[1] [2] [3] [4]
5	1	13	[1] [2] [3] [4]
	2	14	[1] [2] [3] [4]
6	1	15	[1] [2] [3] [4]
	2	16	[1] [2] [3] [4]
	3	17	[1] [2] [3] [4]
	4	18	[1] [2] [3] [4]
7	1	19	[1] [2] [3] [4]
	2	20	[1] [2] [3] [4]

※何回か解いてみたい場合は、このページをコピーしてお使いください。

| 著者 | 杉山明枝（すぎやま あきえ）|

東京学芸大学卒。高麗大学民族文化研究所修了。津田塾大学大学院文学研究科コミュニケーション（言語研究）専攻修士課程修了。コリ文語学堂講師。群馬大学、フェリス女学院大学などで講義を持つ。著書に『初級からのやり直し韓国語』（HANA）、共著に『最短で合格する韓国語能力試験 TOPIK Ⅱ』（アルク）、『読む、書く、聞く、話す 4つの力がぐんぐん伸びる！韓国語中級ドリル』（HANA）などがある。

改訂版 はじめてのハングル能力検定試験4級

発　行　日	2007年 5月19日　（初版）
	2014年 9月26日　（改訂版）
	2024年 12月3日　（第7刷）
著　　　者	杉山明枝
編　　　集	株式会社アルク出版編集部
韓国語校正	林貞姫
デザイン（表紙）	日下充典
デザイン（本文）	洪永愛（Studio H2）
イラスト	岡村伊都
ナレーション	イ・ジェウク、李美賢、都さゆり
録音・編集	studio y
ＣＤプレス	株式会社ソニー・ミュージックソリューションズ
ＤＴＰ	藤澤美映
印刷・製本	シナノ印刷株式会社
発　行　者	天野智之
発　行　所	株式会社アルク
	〒141-0001 東京都品川区北品川 6-7-29
	ガーデンシティ品川御殿山
	Website：https://www.alc.co.jp/
	製品サポート：https://www.alc.co.jp/usersupport/

地球人ネットワークを創る
アルクのシンボル
「地球人マーク」です。

落丁本、乱丁本は弊社にてお取り替えいたしております。
Webお問い合わせフォームにてご連絡ください。
https://www.alc.co.jp/inquiry/

本書の全部または一部の無断転載を禁じます。
著作権法上で認められた場合を除いて、本書からのコピーを禁じます。
定価はカバーに表示してあります。

©2014　Sugiyama Akie ／ ALC PRESS INC.
Okamura Itsu
Printed in Japan.
PC：7014048
ISBN：978-4-7574-2467-8

改訂版 はじめての ハングル能力検定試験 4級

別冊 単語集

- この冊子は取り外して使うことができます。
- 『「ハングル」検定公式ガイド 合格トウミ【改訂版】』に準拠しています。

―――― [凡例] ――――

- 発音変化は[ ]で囲って示す。
- (하)(되)(하,되)はそれぞれ「하다」「되다」「하다や되다」が付くことで、その単語が動詞や形容詞になることを示す。
- 変格活用は【 】で囲って示す。
- 同音異義語が存在する単語は、4級の語彙リストに表示されている意味のみ掲載した。

🔊「別冊 単語集」の語彙と例文の音声ファイル(mp3)がダウンロードできます

以下のURLよりアクセスしてください。
該当の商品のタイトルをクリックすると、ダウンロードの手続きに進みます。

アルクダウンロードセンター
https://portal-dlc.alc.co.jp/

アルク
www.alc.co.jp

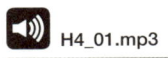

🔊 H4_01.mp3

語彙		意味
漢字・発音	活用	例文
□ 가끔		□ たまに、時たま、時々
		가끔 한국 음식을 먹고 싶어질 때가 있어요. 時々、韓国料理を食べたくなるときがあります。
□ 가볍다		□ 軽い
[-따]	【ㅂ】	입이 가벼운 사람은 싫어요. 口の軽い人は嫌いです。
□ 가운데		□ 中、真ん中、中央
		그 가운데서 하나를 고를 생각입니다. その中から１つ選ぶつもりです。
□ 가장		□ 最も
		일본에서 가장 높은 산이라고 하면 후지산입니다. 日本で最も高い山といえば富士山です。
□ 감다①		□ (目を)閉じる
[-따]		그녀는 두 눈을 꼭 감고 있었습니다. 彼女は両目をギュッと閉じていました。
□ 감다②		□ (髪を)洗う
[-따]		매일 아침에 머리를 감습니다. 毎朝、髪を洗います。
□ 갑자기		□ 突然、急に
[-짜]		갑자기 컴퓨터가 꺼졌어요. 突然、コンピュータが消えました。
□ 강하다		□ 強い
強-		난 강한 남자가 좋아요. 私は強い男性が好きです。
□ 거의		□ ほとんど
[-/-이]		공원에는 사람이 거의 없었습니다. 公園には人がほとんどいませんでした。
□ 걱정(하, 되)		□ 心配
[-쩡]		그렇게 걱정하지 마세요. そんなに心配しないでください。
□ 건강(하)		□ 健康
健康		우리 가족은 모두 건강합니다. うちの家族はみんな健康です。
□ 걷다		□ 歩く
[거따/-따]	【ㄷ】	지하철에서 내려서 중학교까지 걸었습니다. 地下鉄を降りて中学校まで歩きました。

🔊 H4_02.mp3

語彙		意味
漢字・発音	活用	例文

걸다		掛ける、賭ける、懸ける
	【ㄹ】	이런 늦은 시간에 전화를 걸면 안 돼요. こんな遅い時間に電話をかけてはいけません。
검다		黒い
[-따]		길거리에서 검은 고양이를 봤어요. 通りで黒猫を見ました。
겨우		やっと、ようやく
		남은 갈비를 겨우 다 먹었습니다. 残ったカルビをやっと全部食べました。
결과		結果
結果		열심히 공부한 결과 시험에 합격했습니다. 一生懸命勉強した結果、試験に合格しました。
결정(하, 되)		決定
決定 [-쩡]		이것은 쉽게 결정하기 어려운 일입니다. これは簡単に決定しづらいことです。
계산(하, 되)		計算
計算[-/게-]		계산이 틀렸어요. 計算が違っています。
계속(하, 되)		①継続　②引き続き、ずっと
継続[-/게-]		아침부터 계속 게임을 했습니다. 朝からずっとゲームをしました。
계획(하, 되)		計画
計画[-/게-]		한국에 유학을 갈 계획입니다. 韓国に留学する計画です。
고향		故郷
故郷		고향을 떠나서 수도 서울에 올라왔습니다. 故郷を離れ、首都ソウルに上京してきました。
공		ボール
		이 공 좀 던져 봐요. このボール、ちょっと投げてみてください。
공원		公園
公園		공원에서 아이들과 함께 놀았어요. 公園で子供たちと一緒に遊びました。
과자		菓子
菓子		어떤 과자를 제일 좋아해요? どんなお菓子が一番好きですか?

3

🔊 H4_03.mp3

語　彙		意　味
漢字・発音	活　用	例　文
☐ 관심		☐ 関心
関心		요즘 젊은이들은 별로 역사에 관심이 없습니다. 最近の若者たちはあまり歴史に関心がありません。
☐ 교수		☐ 教授
教授		이 대학교에는 유명한 교수가 많습니다. この大学には有名な教授が多いです。
☐ 귤		☐ ミカン
橘		겨울에는 귤을 많이 먹습니다. 冬にはミカンをたくさん食べます。
☐ 그냥		☐ そのまま、ただ
		오늘은 그냥 집에서 쉬었습니다. 今日はただ、家で休みました。
☐ 그대로		☐ そのまま
		사실 그대로 말하세요. 事実のままに話してください。
☐ 그래서		☐ それで、だから
		어젯밤에 커피를 많이 마셨어요. 그래서 잠이 오지 않았어요. 昨日の夜、コーヒーをたくさん飲みました。だから眠れませんでした。
☐ 그러나		☐ しかし
		많이 노력했습니다. 그러나 결과는 좋지 않았습니다. たくさん努力しました。しかし結果は良くありませんでした。
☐ 그러니까		☐ だから
		그러니까 제 말이 맞다고 했잖아요. だから私の言葉が正しいと言ったではないですか。
☐ 그렇지만		☐ だが、しかしながら、でも
		그렇지만 다시 한번 잘 생각해 보세요. しかしもう一度よく考えてみてください。
☐ 그릇		☐ 器、食器、入れ物
[-른]		그릇이 아주 예쁘네요. 器がとてもかわいいですね。
☐ 그리다		☐ 描く
		부부의 사랑을 그린 소설을 읽었습니다. 夫婦の愛を描いた小説を読みました。
☐ 그림		☐ 絵
		취미로 그림을 그려 보고 싶어요. 趣味で絵を描いてみたいです。

🔊 H4_04.mp3

語彙		意味
漢字・発音	活用	例文

□ 그저께		□ おとといい
		그저께 남자친구를 만났어요. おととい、彼氏と会いました。
□ 극장		□ 劇場、映画館
劇場		극장에 영화를 보러 갔습니다. 映画館に映画を見に行きました。
□ 근처		□ 近所
近処		회사 근처에 있는 커피숍에서 만나기로 했어요. 会社の近くにあるコーヒーショップで会うことにしました。
□ 글자		□ 字、文字
-字 [-짜]		글자가 잘 보이도록 크게 써 주세요. 字がよく見えるように大きく書いてください。
□ 기쁘다		□ うれしい
	【으】	오늘 기쁜 일이 있었어요. 今日、うれしいことがありました。
□ 기억(하, 되)		□ 記憶
記憶		저는 사람 얼굴을 한번 보면 잘 기억합니다. 私は人の顔を一度見たらちゃんと覚えます。
□ 깊다		□ 深い ＊3級へ
[깁따]		대단히 깊은 뜻이 있는 말씀이었습니다. とても意義深いお言葉でした。
□ 깎다		□ ①削る ②刈る ③値引きする ④(果物の皮を)むく
[깍따]		사과는 껍질을 깎지 않아도 먹을 수 있어요. りんごは皮をむかなくても食べられます。
□ 깨다		□ ①覚める ②覚ます
		빗소리에 잠이 깼어요. 雨音で目が覚めました。
□ 꼭		□ 必ず、きっと
		미국과의 시합은 꼭 이기고 싶어요. アメリカとの試合は必ず勝ちたいです。
□ 꾸다		□ (夢を)見る
		좋은 밤, 좋은 꿈 꾸세요. いい夜、いい夢見てください。
□ 끄다		□ 消す
		잘 때는 불을 꺼 주세요. 寝るときは電気を消してください。

5

🔊 H4_05.mp3

語彙		意味
漢字・発音	活用	例文

☐ **끊다**		☐ 切る、断つ
[끈타]		담배를 끊고 싶지만 아직 못 끊고 있습니다. タバコをやめたいけれど、まだやめられていません。
☐ **끝내다**		☐ 終える
[끈-]		이달 말까지 이 일을 끝내야 됩니다. 今月末までにこの仕事を終えなくてはいけません。
☐ **나누다**		☐ ①分ける ②(話・情などを)交わす
		양이 많으니까 다 같이 나누어 먹어요. 量が多いのでみんなで一緒に分けて食べましょう。
☐ **나타나다**		☐ 現れる
		새로운 스타가 나타났습니다. 新たなスターが現れました。
☐ **나타내다**		☐ 表す
		사람의 얼굴은 건강을 나타내는 신호등입니다. 人の顔は健康を表す信号です。
☐ **날**		☐ ①日 ②~日
		아침부터 아주 바쁜 날이었습니다. 朝からとても忙しい日でした。
☐ **날짜**		☐ 日取り、日付
		결혼식을 올릴 날짜를 정했습니다. 結婚式を挙げる日取りを決めました。
☐ **남기다**		☐ 残す
		양이 너무 많으면 남겨도 돼요. 量があまりにも多ければ残してもいいです。
☐ **남다**		☐ 残る、余る
[-따]		해야 할 일이 아직도 많이 남아 있어요. しなくてはいけないことがまだたくさん残っています。
☐ **낫다**		☐ 治る
[나따/낟따]	【ㅅ】	병이 거의 다 나았어요. 病気がほとんど完治しました。
☐ **냄새**		☐ におい
		부엌에서 된장국 냄새가 납니다. 台所からみそ汁のにおいがします。
☐ **넓다**		☐ 広い
[널따]		우리 아버지는 마음이 넓은 사람이에요. うちの父は心が広い人です。

ㄱ / ㄴ

語彙		意味
漢字・発音	活用	例文

□ 넘다		□ 越える
[-따]		절대로 넘을 수 없는 높은 벽입니다. 決して越えられない高い壁です。
□ 노력(하)		□ 努力
努力		노력하는 사람은 머리 좋은 사람을 이깁니다. 努力する人は頭の良い人に勝ちます。
□ 놀라다		□ 驚く
		신문을 읽고 아주 놀랐습니다. 新聞を読んでとても驚きました。
□ 눕다		□ 横たわる
[-따]	【ㅂ】	이런 어두운 밤에는 누워서 별이라도 보고 싶어요. こんな暗い夜は、寝そべって星でも見たいです。
□ 느끼다		□ 感じる
		한국어를 가르치면서 느낀 점이 참 많아요. 韓国語を教えながら、感じた点が本当に多いです。
□ 늘		□ 常に、いつも
		늘 건강한 것이 중요합니다. いつも健康であることが重要です。
□ 늘다		□ ①伸びる ②増える ③上達する
	【ㄹ】	반년 전보다 한국어가 조금 늘었어요. 半年前より韓国語が少し上達しました。
□ 늦다		□ 遅れる
[느따/늗따]		약속 시간에 늦어서 미안해요. 約束の時間に遅れてすみません。
□ 다녀오다		□ 行って来る
		수업이 시작되기 전에 화장실에 다녀오세요. 授業が始まる前にトイレに行って来てください。
□ 다르다		□ 異なっている、違う、別だ
	【르】	그녀는 마치 다른 사람 같았습니다. 彼女はまるで別人のようでした。
□ 다리		□ 橋
		청계천에는 옛날에 많은 다리가 있었습니다. 清渓川には昔、多くの橋がありました。
□ 다치다		□ けがをする
		계단에서 떨어져서 손을 다쳤거든요. 階段から落ちて、手をけがしたんですよ。

H4_07.mp3

語彙 (漢字・発音 / 活用)	意味 / 例文
□ 닦다 [닥따]	□ 磨く、拭く
	아들이 나의 구두를 닦아 주었어요. 息子が私の靴を磨いてくれました。
□ 달걀	□ (鶏の)卵
	아침에 달걀을 먹는 것이 건강에 좋습니다. 朝、卵を食べるのが健康に良いです。
□ 달다 【ㄹ】	□ 甘い
	저는 너무 단 과자를 싫어합니다. 私は甘過ぎるお菓子が嫌いです。
□ 달력 -暦	□ カレンダー
	새해 달력을 벽에 붙였어요. 新年のカレンダーを壁に貼りました。
□ 달리다	□ ①走る ②走らせる
	주말에 한강 자전거길을 달려 봤어요. 週末に漢江自転車道を走ってみました。
□ 답(하) 答	□ 答え
	혼자 생각해도 답이 안 나왔습니다. 1人で考えても答えが出ませんでした。
□ 대답(하) 対答	□ 返事、答え
	저의 질문에 대답해 주세요. 私の質問に答えてください。
□ 더욱	□ もっと、さらに、一層
	앞으로 사회가 더욱 발전할 거예요. これから社会がさらに発展するでしょう。
□ 데	□ ①〜所、〜場所、〜部分 ②〜場合、〜際、〜とき ③〈-는 데の形で〉〜するのに(は)
	건강한 생활을 하는 데 필요한 것은 무엇일까요? 健康な生活をするのに必要な物は何でしょうか?
□ 도시락	□ 弁当
	요즘 도시락을 가지고 다니는 회사원들이 늘고 있습니다. 最近お弁当を持って行く会社員が増えています。
□ 도와주다	□ 助けてやる、手伝う、援助する、世話をする
	힘들 때는 언제나 도와줄게요. 大変なときはいつでも助けてあげますよ。
□ 도장 図章	□ 印、印章、はんこ、印鑑
	여기에다 도장 좀 찍어 주세요. ここに印鑑を押してください。

🔊 H4_08.mp3

語彙		意味
漢字・発音	活用	例文

□ 독서(하)		□ 読書
読書 [- 써]		가을은 독서의 계절입니다. 秋は読書の季節です。
□ 돌		□ 石
		어렸을 때 강에 돌을 던지고 놀았어요. 幼いころ、川に石を投げて遊びました。
□ 돌다		□ ①回る、巡る ②(順番が)くる ③曲がる
	【ㄹ】	그녀는 머리가 빨리 도는 사람이에요. 彼女は頭が速く回る(頭の回転が速い)人です。
□ 돌려주다		□ 返す
		내일 내 책을 돌려주세요. 明日、私の本を返してください。
□ 돌아가다		□ 帰る、戻る
[도라 -]		콘서트가 끝나자마자 집으로 돌아갔어요. コンサートが終わるや否や家に帰りました。
□ 돌아오다		□ 帰って来る、戻って来る
[도라 -]		아이들이 학교에서 돌아오는 시간이에요. 子供たちが学校から帰って来る時間です。
□ 동물		□ 動物
動物		제가 가장 좋아하는 동물은 개예요. 私が一番好きな動物は犬です。
□ 되다		□ ①なる ②できる ③よい
		봄이 되면 우리 딸이 중학생이 됩니다. 春になると私の娘は中学生になります。
□ 두다		□ ①置く ②設ける ③(心に)抱く ④(碁、将棋を)打つ
		좀 더 시간을 두고 생각하고 싶어요. もう少し時間をおいて考えたいです。
□ 드리다		□ 差し上げる
		부모님께 선물을 드렸습니다. 両親にプレゼントを差し上げました。
□ 듣다		□ ①聞く、聴く ②効く
[드따/-따]	【ㄷ】	공부를 하고 라디오를 들었어요. 勉強をして(から)、ラジオを聞きました。
□ 들다①		□ ①上げる ②持つ ③食べる
	【ㄹ】	다 같이 손 들어 보세요. みんな一緒に手を上げてみましょう。

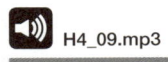

🔊 H4_09.mp3

語彙		意味
漢字・発音	活用	例文
☐ 들다②		☐ 入る
	【ㄹ】	그 여자의 어디가 마음에 들었어요? その女性のどこが気に入りましたか？
☐ 들리다		☐ 聞こえる
		제 목소리 잘 들려요? 私の声、よく聞こえますか？
☐ 들어가다		☐ ①(中に)入る　②(組織・団体などに)入る、入学する ③(家に)帰る
[드러-]		그는 작은 자동차 회사에 들어갔어요. 彼は小さな自動車会社に入りました。
☐ 들어오다		☐ 入って来る
[드러-]		거울을 보는 그녀의 모습이 눈에 들어왔습니다. 鏡を見る彼女の姿が目に入って来ました。
☐ 등①		☐ 背中
		아이를 등에 업고 식사를 준비합니다. 子供を背中におぶって食事を準備します。
☐ 등②		☐ ～等(順位・等級)
等		아들이 운동회에서 달리기 1등을 했어요. 息子が運動会で徒競走1等を取りました。
☐ 등③		☐ ～など
等		이 호텔은 서비스, 요리 등 모든 면에서 수준이 높습니다. このホテルはサービス、料理など、すべての面で水準が高いです。
☐ 따뜻하다		☐ 暖かい、温かい
[-뜨타-]		오늘은 따뜻한 날씨가 이어지겠습니다. 今日は暖かい天気が続くでしょう。
☐ 땀		☐ 汗
		날씨가 너무 더워서 땀이 줄줄 흘렀습니다. 天気がとても暑いので、汗がだらだら流れました。
☐ 때		☐ 時、時間、時期
		모든 일에는 때가 있어요. すべてのことには時期があります。
☐ 떠나다		☐ ①出発する　②離れる
		이제는 떠나야겠어요. もう出発しなければなりません。
☐ 떡		☐ 餅
		설날에는 떡이나 떡국을 먹어요. 正月には餅やトック（餅入りスープ）を食べます。

H4_10.mp3

語彙 漢字・発音 / 活用	意味 / 例文
□ 떨어지다 [떠러-]	□ ①落ちる　②離れる　③使い果たしてなくなる 아이가 침대에서 떨어졌어요. 子供がベッドから落ちました。
□ 또는	□ または 카페에서는 커피 또는 홍차를 마셔요. カフェではコーヒー、または紅茶を飲みます。
□ 뛰다	□ ①走る　②はねる 하루에 5킬로미터 뜁니다. 一日に5キロ走ります。
□ 뜨다　【으】	□ (目を)開く 아침에 눈을 뜨면 먼저 세수를 합니다. 朝、目を覚ますとまず洗顔をします。
□ 뜻(하) [뜯]	□ 意味、意志 이 단어는 무슨 뜻이에요? この単語は何という意味ですか？
□ 마지막	□ 最後、終わり 마지막으로 중요한 것을 말할게요. 最後に重要なことを言いますね。
□ 마찬가지	□ 同様 저도 마찬가지로 기분이 아주 좋습니다. 私も同様に気分がとても良いです。
□ 마치다	□ ①終わる　②終える 이상으로 회의를 마치겠습니다. 以上で会議を終えます。
□ 만일 万一 [마닐]	□ 万一 만일 무슨 일이 생기면 저에게 전화하세요. 万一、何か起こったら私に電話してください。
□ 말씀	□ お言葉、お話(말の尊敬・謙譲語) 여러분께 말씀을 드리도록 하겠습니다. 皆さまにお話し申し上げることにします。
□ 맞다 [마따/맏따]	□ 合う、正しい 전부 아버지의 말씀이 맞았어요. すべて、父の言葉が正しかったです。
□ 맞은편 -便 [마즌]	□ 向かい側 내 맞은편에 앉은 사람이 바나나를 먹고 있었어요. 私の向かい側に座った人がバナナを食べていました。

11

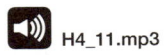

語彙 漢字・発音 活用	意味 例文
☐ **맞추다** [맏-]	☐ ①当てる ②合わせる ③あつらえる
	정답을 한 번에 맞추었어요. 正解を一度で当てました。
☐ **매** 每	☐ 每
	이 드라마는 매주 금요일에 방송됩니다. このドラマは毎週金曜日に放送されます。
☐ **매우**	☐ 非常に、とても
	이번 겨울은 감기에도 걸리지 않고 매우 건강합니다. 今年の冬は風邪もひかずとても健康です。
☐ **맵다** [-따]	☐ ①辛い ②(目に)しみて痛い
	저는 매운 음식도 잘 먹어요. 私は辛い食べ物もよく食べます。
☐ **멋있다** [머시따/머싣따]	☐ すてきだ、かっこいい
	멋있는 영화 스타와 결혼하는 것이 제 꿈이에요. かっこいい映画スターと結婚するのが私の夢です。
☐ **며칠**	☐ 何日
	며칠 동안 휴가를 얻어 한국에 다녀올까 합니다. 何日か休暇をもらって韓国に行ってこようかと思います。
☐ **몇 월** -月 [며뤌]	☐ 何月
	오늘은 몇 월 며칠이에요? 今日は何月何日ですか?
☐ **모양** 模樣	☐ 形、様子、格好
	머리 모양만 바꿔도 이렇게 예뻐지잖아요. ヘアスタイルだけ変えても、こんなにきれいになるじゃないですか。
☐ **모으다** 【으】	☐ 集める、ためる
	돈을 모아서 부모님께 차를 사 드리려 해요. お金をためて両親に車を買って差し上げようと思います。
☐ **모이다**	☐ 集まる、たまる
	5년 만에 다 같이 모여요. 5年ぶりにみんなで集まります。
☐ **모자** 帽子	☐ 帽子
	모자를 쓴 모습이 아주 귀여워요. 帽子をかぶった姿がとてもかわいいです。
☐ **모자라다**	☐ 足りない
	이 물건을 사기에는 돈이 조금 모자라요. この品物を買うにはお金が少し足りません。

語彙 漢字・発音	活用	意味 例文
□ 목		□ 首、喉
		긴장해서 목이 마르네요. 緊張して喉が渇きますね。
□ 목욕(하)		□ 風呂、入浴
沐浴		밥 먹기 전에 목욕을 하고 올게요. ご飯を食べる前に風呂に入ってきます。
□ 무겁다		□ 重い
	【ㅂ】	짐이 너무 무거워요. 荷物があまりに重いです。
□ 무척		□ とても、非常に
		오늘은 무척 기분이 좋아요. 今日はとても気分がいいです。
□ 문장		□ 文章、文
文章		그 소설가의 문장은 아주 아름다워요. その小説家の文章はとても美しいです。
□ 묻다		□ 尋ねる、問う
[무따/-따]	【ㄷ】	모르는 것이 있으면 물어보세요. 知らないことがあれば聞いてみてください。
□ 물고기		□ 魚
[-꼬-]		바닷속의 물고기가 된 것처럼 자유롭게 살아 봅시다. 海の中の魚になったように自由に生きてみましょう。
□ 믿다		□ 信じる
[미따/-따]		그 말 그대로 믿어 줘요. その言葉どおりを信じてください。
□ 바꾸다		□ ①交換する、両替する　②変更する、変える
		휴대폰을 새것으로 바꿀까요? 携帯電話を新しいものに替えましょうか？
□ 바람		□ ①風　②浮気　③〜旋風、ブーム　　＊②③は準2級へ
		어저께는 바람이 강하게 불었습니다. 昨日は風が強く吹きました。
□ 바로		□ ①まっすぐに　②すぐ　③正に
		지금 바로 전화하세요. 今すぐ電話してください。
□ 바쁘다		□ 忙しい　　＊5級へ
	【으】	바빠서 연락하지 못했습니다. 忙しくて連絡できませんでした。

🔊 H4_13.mp3

語彙		意味
漢字・発音	活用	例文

□ 반드시		□ 必ず、きっと
		약속한 일은 반드시 지켜야 합니다. 約束したことは必ず守らなければなりません。
□ 반찬		□ おかず
飯饌		어머니께서 만들어 주신 반찬을 먹어 봤어요. 母が作ってくださったおかずを食べてみました。
□ 발음		□ 発音
発音 [바름]		스마트폰을 이용해서 발음 연습을 하고 있어요. スマートフォンを利用して発音練習をしています。
□ 발전(하, 되)		□ 発展
発展 [-쩐]		저희 회사는 더욱더 새로운 모습으로 발전해 나가겠습니다. わが社はさらに新しい姿に発展していきます。
□ 발표(하, 되)		□ 発表
発表		이번 달에 우리 아들의 피아노 학원 발표회가 있어요. 今月、うちの息子のピアノ教室(塾)の発表会があります。
□ 밝다		□ ①明るい ②(視力、聴力が)良い ③精通している ④(夜、年が)明ける
[박따]		그녀는 어느 누구보다 밝은 미소를 보여 주었습니다. 彼女は誰よりも明るい笑顔を見せてくれました。
□ 방법		□ 方法
		이런 방법은 어떨까요? こんな方法はどうでしょうか?
□ 방학(하)		□ (学校の)長期休暇
放学		방학 때 무엇을 할 거예요? 休暇のときに何をするつもりですか?
□ 방향		□ 方向
		이 버스는 다른 방향으로 가요. このバスは違う方向に行きます。
□ 배		□ 舟、船
		언젠가 배를 타고 세계 여행을 떠나고 싶어요. いつか船に乗って世界旅行に出てみたいです。
□ 배구		□ バレーボール
排球		배구 대표팀이 올림픽에서 동메달을 땄습니다. バレーボール代表チームはオリンピックで銅メダルを獲得しました。
□ 배추		□ 白菜
		저는 배추김치를 좋아합니다. 私は白菜キムチが好きです。

H4_14.mp3

語彙 / 漢字・発音 / 活用	意味 / 例文
□ 버리다	□ 捨てる
	남은 야채를 버리지 말아 주세요. 残った野菜を捨てないでください。
□ 번역(하, 되) 翻訳 [버녁]	□ 翻訳
	무료 번역기는 500자까지만 번역이 가능합니다. 無料翻訳機は500字までだけ翻訳が可能です。
□ 벌	□ 〜着（衣服など）
	양복을 한 벌 사려고 백화점에 갔거든요. スーツを1着買おうとデパートに行ったんです。
□ 벌써	□ すでに、もう
	벌써 많은 사람들이 그 사실을 알고 있어요. すでに多くの人がその事実を知っています。
□ 별	□ 星
	별이 아름다운 밤이네요. 星がきれいな夜ですね。
□ 병 瓶	□ 瓶
	맥주 1병에 얼마예요? ビール1瓶いくらですか？
□ 보이다①	□ 見える
	그는 마음이 넓은 사람으로 보였습니다. 彼は心の広い人に見えました。
□ 보이다②	□ 見せる
	자기의 약한 부분을 보이면 안 됩니다. 自分の弱い部分を見せてはいけません。
□ 보통 普通	□ 普通
	보통 12시에는 잡니다. 普通、12時には寝ます。
□ 뵙다 [-따] 【ㅂ】	□ お目にかかる
	오랜만에 뵙게 돼서 반갑습니다. 久しぶりにお目にかかれてうれしいです。
□ 부르다① 【르】	□ 呼ぶ、歌う
	졸업식 때 이 노래를 불렀습니다. 卒業式のとき、この歌を歌いました。
□ 부르다② 【르】	□ （おなかが）いっぱいだ
	배가 불러서 더 이상 못 먹어요. おなかがいっぱいでこれ以上食べられません。

15

語彙 (漢字・発音 / 活用)	意味 / 例文
□ 부엌 [-억]	□ 台所
	부엌에서 아내가 식사 준비를 하고 있어요. 台所で妻が食事の準備をしています。
□ 부장 部長	□ 部長
	부장님은 댁에 계십니까? 部長はご在宅でいらっしゃいますか?
□ 불다 【ㄹ】	□ 吹く
	바람이 강하게 불고 있어요. 風が強く吹いています。
□ 붙다 [부따/붇따]	□ 付く、引っ付く
	옷에 먼지가 많이 붙어 있어요. 服にホコリがたくさん付いています。
□ 붙이다 [부치-]	□ 付ける、貼る
	봉투에 우표를 붙여 우체통에 넣었습니다. 封筒に切手を貼ってポストに入れました。
□ 비다	□ 空く、空いている
	이 자리 아직 비어 있어요? この席、まだ空いていますか?
□ 비슷하다 [-스타-]	□ 似ている、ほとんど同じだ
	그 여성은 나와 나이가 비슷해요. その女性は私と年が近いです。
□ 빌리다	□ 借りる、貸す
	전에 빌린 돈을 거의 갚았습니다. 以前借りたお金をほとんど返しました。
□ 빠르다 【르】	□ 速い、早い
	인터넷 속도가 아주 빨라서 편해요. インターネットの速度がとても速くて便利です。
□ 뿐	□ ~だけ、~のみ、~ばかり、~まで
	잠깐 이야기하고 싶었을 뿐입니다. ちょっと話をしたかっただけです。
□ 사실	□ 事実、実際
	사실은 그런 것이 아니거든요. 実はそんなことではないんです。
□ 사이	□ ①間 ②仲
	부부 사이가 정말 좋아 보이네요. 夫婦仲が本当に良く見えますね。

語彙 漢字・発音　活用	意味 例文
☐ **사전** 辞典	☐ 辞典、辞書 사전에서 예문을 찾아보세요. 辞書で例文を引いてみてください。
☐ **사회** 社会	☐ 社会 서로 돕는 사회가 되어야 합니다. お互いが助け合う社会にならなくてはいけません。
☐ **색깔**	☐ 色彩、色 무슨 색깔을 좋아하십니까? 何色がお好きでいらっしゃいますか？
☐ **생기다**	☐ 生じる、できる 문제가 생기면 꼭 연락해 주세요. 問題が生じたら、必ず連絡してください。
☐ **생활(하)** 生活	☐ 生活 바쁘지만 즐거운 유학 생활을 보내고 있습니다. 忙しいですが、楽しい留学生活を送っています。
☐ **서다**	☐ 立つ、とまる 모르는 사람이 문 앞에 서 있었어요. 知らない人が門の前に立っていました。
☐ **서로**	☐ 互い、互いに 서로에게 잘못이 있어요. お互いに間違いがあります。
☐ **석**	☐ 三〜、三つの〜 석 달 동안 그들과 안 만난 건 아니에요. 3カ月間、彼らと会わなかったわけではありません。
☐ **선수** 選手	☐ 選手 국가대표 축구 선수가 되는 것이 꿈이에요. 国家代表サッカー選手になるのが夢です。
☐ **설명(하, 되)** 説明	☐ 説明 설명을 할 때 그림을 이용하면 좋아요. 説明をするとき、絵を利用するといいです。
☐ **섬**	☐ 島 섬나라인 일본에는 수천 개의 섬이 있습니다. 島国である日本には数千の島があります。
☐ **성함** 姓銜	☐ お名前(이름の尊敬語) 성함이 어떻게 되십니까? お名前は何とおっしゃいますか？

17

H4_17.mp3

語彙 / 漢字・発音 / 活用	意味 / 例文
□ 세 歳	□ ～歳 30세 때 저의 모습을 머릿속에 그려 봤어요. 30歳のときの私の姿を頭の中に描いてみました。
□ 세다	□ 数える 한번 더 천천히 세어 보시죠. もう一度ゆっくり数えてみてください。
□ 세수(하) 洗手	□ 洗面、洗顔 겨울에는 더운물로 세수합니다. 冬はお湯で洗顔します。
□ 소개(하, 되) 紹介	□ 紹介 친구 소개로 우리는 만났습니다. 友達の紹介で私たちは会いました。
□ 손가락 [-까-]	□ 手の指 스마트폰은 손가락으로 화면을 움직입니다. スマートフォンは指で画面を動かします。
□ 수건 手巾	□ タオル、手ぬぐい 수건으로 이마의 땀을 닦아 주세요. タオルで額の汗を拭いてください。
□ 수고(하)	□ 苦労 오늘 하루도 정말 수고 많으셨습니다. 今日も一日本当にご苦労さまでした。
□ 순서 順序	□ 順序 순서를 지켜 주면 좋겠습니다. 順序を守っていただけたらいいのですが。
□ 숟가락 [-까-]	□ さじ、スプーン 숟가락보다 젓가락을 사용하는 것이 더 어려워요. スプーンより箸を使用するほうが難しいです。
□ 쉬다	□ ①休む ②中断する ③寝る 좀 쉬었다가 다시 시작합시다. ちょっと休んでから再び始めましょう。
□ 슬프다 【으】	□ ①悲しい ②かわいそうだ 이 영화는 너무 슬퍼요. この映画はとても悲しいです。
□ -시키다	□ ～(するように)させる 요즘은 사원들에게 영어 공부를 시키는 회사가 많습니다. 最近は、社員に英語の勉強をさせる会社が多いです。

H4_18.mp3

語彙 漢字・発音 / 活用	意味 / 例文
☐ **싸우다**	☐ 戦う、争う、けんかする
	어렸을 때는 남동생하고 많이 싸웠습니다. 幼い時は弟とたくさんけんかをしました。
☐ **쌀**	☐ 米
	경기도는 맛있는 쌀로 유명한 지방입니다. 京畿道はおいしい米で有名な地方です。
☐ **씻다** [씨따/씯따]	☐ 洗う
	식사하기 전에 손을 비누로 깨끗이 씻으세요. 食事の前に手を石鹸できれいに洗ってください。
☐ **아까**	☐ さっき
	아까부터 계속 만화를 보고 있어요? さっきからずっと漫画を読んでいるのですか？
☐ **아름답다** [-따] 【ㅂ】	☐ 美しい
	당신은 웃는 모습이 정말 아름다워요. あなたは笑う姿が本当に美しいです。
☐ **아마[도]**	☐ おそらく、多分
	아마 그럴 거예요. おそらくそうでしょう。
☐ **아무①**	☐ 何の、いかなる
	아무 문제도 없으니까 걱정하지 말아요. 何の問題もないので心配しないでください。
☐ **아무②**	☐ ①誰（でも）　②誰（も）
	집에 왔더니 아무도 없었거든요. 家に帰ったら誰もいなかったんです。
☐ **아직**	☐ ①まだ、いまだに　②なお、やはり
	아직 저녁을 안 먹었어요. まだ夕食を食べていません。
☐ **아직까지**	☐ いまだに、まだ、今まで
	아직까지 당신을 잊을 수 없어요. いまだにあなたを忘れられません。
☐ **아직도**	☐ いまだに、今なお
	그녀가 한 말이 아직도 가슴속에 남아 있어요. 彼女が言った言葉が今なお胸の中に残っています。
☐ **알리다**	☐ 知らせる、教える
	그 음식점의 전화번호를 알려 주세요. その飲食店の電話番号を教えてください。

🔊 H4_19.mp3

語彙 / 漢字・発音 / 活用	意味 / 例文
☐ **알아듣다** [아라드따/아라-따]　【ㄷ】	☐ ①理解する　②聞き取る 말이 너무 빨라서 다 알아듣지 못했어요. 言葉があまりに速くて、すべて聞き取れませんでした。
☐ **앞뒤** [압뛰]	☐ 前後 이 문장은 앞뒤가 안 맞네요. この文章は前後が (つじつまが) 合っていませんね。
☐ **야채**	☐ 野菜 우리 아이들은 야채보다 고기를 좋아합니다. うちの子供たちは野菜より肉を好みます。
☐ **약국**	☐ 薬局、薬屋 약국에 가서 감기약을 사 왔어요. 薬局に行って風邪薬を買ってきました。
☐ **약하다** [야카-]	☐ 弱い 태풍이 지나간 후 바람이 약해졌네요. 台風が過ぎた後、風が弱くなりましたね。
☐ **어깨**	☐ 肩 앞으로의 일을 생각하면 두 어깨가 무거워집니다. これからのことを考えると、両肩が重くなります。
☐ **어둡다** [-따]　【ㅂ】	☐ 暗い 이 나라에도 옛날에 어두운 역사가 있었습니다. この国にも、昔、暗い歴史がありました。
☐ **어른**	☐ 大人、目上の人 어른이 하는 말은 잘 들어야 해요. 大人の言うことはよく聞かなければいけません。
☐ **어리다**	☐ ①幼い、年若い　②足りない　③幼稚だ 난 아직 어려서 모르는 것이 많아요. 私はまだ幼いので知らないことが多いです。
☐ **어울리다**	☐ ①似合う　②交わる 어머님하고 아버님, 참 잘 어울리시네요. お母さまとお父さま、本当によくお似合いですね。
☐ **얻다** [어따/-따]	☐ もらう、得る、持つ 이 접시는 주부들 사이에서 인기를 얻고 있어요. この皿は主婦の間で人気を得ています。
☐ **얼마나**	☐ どれくらい、どんなに、いくらくらい 여기서 역까지 얼마나 걸릴까요? ここから駅までどのくらいかかるでしょうか?

H4_20.mp3

語彙 / 漢字・発音 / 活用	意味 / 例文
☐ 여기저기	☐ あちこち、方々
	카메라를 들고 여기저기 다니는 것이 재미있어요. カメラを持ってあちこち歩くのが面白いです。
☐ 여러 가지	☐ 多くの種類、各種、いろいろ(な)
	지방에 따라 의견이 여러 가지입니다. 地方によって意見がさまざまです。
☐ 역시 亦是 [-씨]	☐ やはり、やっぱり
	혼자 보는 영화는 역시 재미없네요. 1人で見る映画はやはり面白くないですね。
☐ 연세 年歳	☐ お年(나이の尊敬語)
	부모님께서는 올해 연세가 어떻게 되십니까? ご両親は今年おいくつになられますか?
☐ 열리다	☐ 開かれる、開く
	이 근처에는 24시간 문이 열려 있는 가게가 없어요. この近所には24時間開いているお店がありません。
☐ 열심히 熱心- [-씨미]	☐ 熱心に、一生懸命に
	연습 문제를 열심히 풀었습니다. 練習問題を一生懸命解きました。
☐ 영향 影響	☐ 影響
	마음이 몸에 주는 영향은 굉장히 크거든요. 心が体に与える影響は非常に大きいんですよ。
☐ 예쁘다 【으】	☐ きれいだ、かわいい、美しい
	이 커피숍의 커피 잔이 정말로 예뻐요. このコーヒーショップのコーヒーカップが本当にかわいいです。
☐ 예정(하, 되) 予定	☐ 予定
	예정대로 모든 준비를 마칠 거예요. 予定どおりにすべての準備を終わらせるでしょう。
☐ 오래간만	☐ 久しぶり
	오래간만에 초등학교 때 친구를 만났어요. 久しぶりに小学校の時の友達に会いました。
☐ 오르다 【르】	☐ 登る、上がる、乗る
	이른 아침에 산에 오르는 것을 좋아합니다. 早朝に山に登るのが好きです。
☐ 올라가다	☐ ①登る、上がる ②昇る ③さかのぼる ④上京する
	고향을 떠나 도쿄로 올라갔어요. 故郷を離れ、(東京へ)上京しました。

🔊 H4_21.mp3

語彙		意味
漢字・発音	活用	例文
□ 올라오다		□ ①上がって来る　②昇る　③さかのぼってくる　④上京してくる
		여기까지 어떻게 올라왔어요? ここまでどうやって上がって来たのですか？
□ 올리다		□ ①上げる　②差し上げる、申し上げる　③(式などを)挙げる
		지난해부터 두부 값을 올렸어요. 去年から豆腐の値段を上げました。
□ 옳다		□ ①正しい　②もっともだ
[올타]		그때 당신의 판단이 옳았어요. あの時のあなたの判断が正しかったです。
□ 외우다		□ 覚える、暗記する、暗誦する
		외국어 공부를 할 때는 우선 단어를 많이 외우는 것이 중요합니다. 外国語の勉強をするときは、まず単語をたくさん覚えることが重要です。
□ 유학(하)		□ 留学
留学		유학생들과 영어로 이야기를 했습니다. 留学生たちと英語で話をしました。
□ 음료수		□ ①飲み水　②飲みもの
飲料水 [-뇨-]		내가 가장 좋아하는 음료수는 콜라예요. 私が最も好きな飲みものはコーラです。
□ 음반		□ CD
音盤		이 음반을 듣고 있는 사이에 마음이 가벼워졌어요. このCDを聞いているうちに気持ちが軽やかになりました。
□ 의미(하)		□ ①意味、意義　②わけ
意味		그 한마디에 많은 의미가 담겨 있어요. そのひと言に多くの意味が込められています。
□ 이		□ 歯
		며칠 전부터 이가 아파서 잠도 못 자요. 何日か前から歯が痛くて眠ることもできません。
□ 이것저것		□ あれこれ
[-거쩌걷/ -걷쩌걷]		이것저것 꼭 물어봐야 되는 일도 아니에요. あれこれ必ずしも聞かなくてはいけないことでもないです。
□ 이기다		□ 勝つ
		라이벌 팀과의 시합에서 1-0으로 이겼습니다. ライバルチームとの試合で1対0で勝ちました。
□ 이렇게		□ このように、こんなに
[-러케]		이렇게 공부하면 중급으로 올라갈 수 있어요. このように勉強したら中級に上がることができます。

🔊 H4_22.mp3

語彙		意味
漢字・発音	活用	例文

□ 이마		□ 額(ひたい)
		우리 아빠는 이마가 굉장히 넓어요. うちのパパは額がとても広いです。
□ 이상(하)		□ 異常
異常		어저께 왼쪽 다리에 이상을 느꼈습니다. 昨日、左足に異常を感じました。
□ 이용(하, 되)		□ 利用
利用		중국의 인터넷 이용자 수는 5억 명을 넘었습니다. 中国のインターネット利用者数は5億人を超えました。
□ 이유		□ 理由、わけ
理由		감기를 이유로 휴가를 얻었어요. 風邪を理由に休暇をもらいました。
□ 이전		□ 以前
以前		이전에는 혼자서 자주 해외 여행을 했어요. 以前は１人でよく海外旅行をしました。
□ 이틀		□ 2日(間)
		이틀 동안 계속 집에 있었습니다. 2日間ずっと家にいました。
□ 이하		□ 以下
以下		이 영화는 18세 이하는 볼 수 없습니다. この映画は18歳以下は見ることができません。
□ 이해(하, 되)		□ 理解
		이 문제는 이해가 안 되는 부분이 있어요. この問題は理解ができない部分があります。
□ 이후		□ 以降、以後
		사장이 된 이후에도 그는 달라지지 않았습니다. 社長になった以後も彼は変わりませんでした。
□ 인기		□ 人気
人気 [- 끼]		요즘 그 가수가 높은 인기를 모으고 있죠. 最近その歌手が高い人気を集めていますよね。
□ 인사(하)		□ あいさつ
人事		파티에서 건배를 하고 인사를 나누었습니다. パーティーで乾杯をして、あいさつをしました。
□ 일어서다		□ ①立ち上がる、立つ　②立ち直る
[이러 -]		유진 씨는 갑자기 일어서서 노래를 부르기 시작했어요. ユジンさんは突然立ち上がって歌を歌い始めました。

23

語彙	意味
漢字・発音 / 活用	例文

語彙	活用	意味 / 例文
☐ 일찍		☐ 早く
		아침에 일찍 일어나고 싶으면 일찍 자야 해요. 朝早く起きたければ、早く寝なければいけません。
☐ 잃다		☐ 失う、なくす、(道に)迷う
[일타]		산에서는 길을 잃지 않도록 조심해야 됩니다. 山では道に迷わないように気を付けなくてはいけません。
☐ 입구		☐ 入口
入口 [-꾸]		백화점 입구에서 2시에 봐요. デパートの入口で2時に会いましょう。
☐ 잊어버리다		☐ 忘れてしまう
[이저-]		회의 시간을 잊어버렸어요. 会議の時間を忘れてしまいました。
☐ 자꾸		☐ しきりに、何度も
		감기에 걸려서 자꾸 콧물이 나와요. 風邪をひいてしきりに鼻水が出ます。
☐ 자라다		☐ 成長する、育つ、伸びる
		나무가 빨리 자라도록 매일 물을 많이 줍니다. 木が早く成長するように毎日水をたくさんあげます。
☐ 자주		☐ しょっちゅう、しばしば
		집에 자주 놀러 가도 되지요? 家にしょっちゅう遊びに行ってもいいでしょう?
☐ 잘못하다		☐ 間違う、誤りを犯す
[-모타-]		제가 잘못했어요. 私が悪かったです。
☐ 잠		☐ 眠り
		어젯밤엔 잠을 잘 못 잤어요. 昨日の夜はよく眠れませんでした。
☐ 잠시		☐ ①しばらくの間　②しばらく
暫時		잠시만요. お待ちください。
☐ 잡다		☐ ①つかむ、握る、取る、捕まえる　②(計画などを)立てる ③(心を)落ち着かせる
[-따]		택시를 잡으러 큰길까지 나왔어요. タクシーをつかまえに大通りまで出てきました。
☐ 잡수시다		☐ ①召し上がる(먹다/마시다の尊敬語)　②お年を召す
[-쑤-]		오늘은 맛있는 음식을 많이 잡수세요. 今日はおいしい食べ物をたくさん召し上がってください。

語彙 / 漢字・発音 / 活用	意味 / 例文
저렇게 [-러케]	あのように、あんなに 우리 남편은 왜 늘 저렇게 말이 많을까요? うちの夫はなぜいつもあんなに口うるさいのでしょうか?
적다 [-따]	少ない 주말인데 생각보다 사람이 적었어요. 週末なのに思ったより人が少なかったです。
전혀 全- [-~저녀]	〈否定の表現を伴って〉全く、全然、ひとつも、少しも 나는 한국말은 전혀 못 해요. 私は韓国語が全然できません。
절대[로] 絶対[-] [-때[-]]	絶対[に] 그는 절대로 거짓말을 하지 않는 남자입니다. 彼は絶対に嘘を言わない男です。
젊다 [점따]	若い 젊은 나이에 사장이 됐어요. 若くして社長になりました。
정도 程度	程度、くらい、ほど 학교까지 30분 정도 걸리거든요. 学校まで30分ほどかかるんです。
정말로 正-	本当に、誠に、間違いなく、実際 영어 회화가 나에게는 정말로 어렵네요. 英会話は私には本当に難しいですね。
제목 題目	題目、表題、タイトル 이 영화는 제목이 멋있네요. この映画はタイトルが素敵ですね。
좁다 [-따]	狭い 마음이 좁아서 아내의 생각을 이해해 주지 못하고 있어요. 心が狭くて妻の考えを理解してあげられないでいます。
주무시다	お休みになる(자다の尊敬語) 안녕히 주무셨습니까? おはようございます(よくお休みになりましたか?)。
주의(하) 注意[-/-이]	注意 제 말을 주의해서 잘 들어 주세요. 私の言葉を注意してよく聞いてください。
죽다 [-따]	死ぬ 서울의 겨울은 추워 죽겠어요. ソウルの冬は寒くて死にそうです。

🔊 H4_25.mp3

語彙 漢字・発音 / 活用	意味 / 例文
중 中	① 中、中間、内　② ~中、~(の)間、~途中
	정 과장님은 지금 회의 중입니다.
	鄭課長は今会議中です。
지각(하, 되) 遅刻	遅刻
	그날은 지각하지 않도록 해야 돼요.
	その日は遅刻をしないようにしなくてはいけません。
지갑 紙匣	財布
	큰돈이 든 지갑을 잃어버렸습니다.
	大金が入った財布をなくしてしまいました。
지난번 -番	前回、この間、この前
	이 잡지는 지난번에도 읽었어요.
	この雑誌はこの前も読みました。
지난해 [-~-나내]	昨年
	지난해에 비해 이용객 수는 20퍼센트 늘었습니다.
	昨年に比べて利用客数は20パーセント増えました。
지내다	① 過ごす、暮らす　② (仲よく)交わる、付き合う　③ 務める　④ 執り行う
	주말 잘 지내세요.
	よい週末を。
지다	負ける、敗れる
	좋아하는 팀이 계속 져서 가슴이 아파요.
	好きなチームが負け続けて胸が痛みます。
지도(하, 되) 指導	指導
	선생님이 잘 지도해 주셔서 수업이 재미있었습니다.
	先生がよく指導してくださったので、授業が面白かったです。
지방 地方	地方
	남편이 일 때문에 지방에 내려가야 합니다.
	夫が仕事のために地方へ下らなくてはなりません。
지식 知識	知識
	컴퓨터에 대한 지식이 있는 사람이라면 소개해 주세요.
	コンピュータについての知識がある人であれば紹介してください。
지키다	守る、保護する、保つ、維持する
	약속이라서 끝까지 지키려고 해요.
	約束なので最後まで守ろうと思います。
직업 職業 [지겁]	職業
	가장 갖고 싶은 직업은 무엇입니까?
	最も就きたい職業は何ですか?

語彙 漢字・発音	活用	意味 例文
☐ 진짜 真-		☐ 本物、本当 진짜로 말하고 싶은 것밖에 말을 안 해 주잖아요. 本当に言いたいことしか言ってくれないじゃないですか。
☐ 질문(하) 質問		☐ 質問 그녀에게 어려운 질문을 해 봤습니다. 彼女に難しい質問をしてみました。
☐ 짓다 [지따/짇따]		☐ ①(家、服、文章などを)つくる ②(ご飯を)炊く ③(名前を)付ける 딸이 태어나면 귀여운 이름을 짓고 싶어요. 娘が生まれたらかわいい名前を付けたいです。
☐ 짜다		☐ ①塩辛い、しょっぱい ②ケチだ、(評価が)辛い 음식을 너무 짜게 하면 안 돼요. 食べ物を塩辛くし過ぎてはいけません。
☐ 차례 次例[-/-례]		☐ 順序、順番、目次 다음이 제 차례죠? 次が私の番ですよね?
☐ 차이 差異		☐ 差異、相違、差、違い、ずれ 언니와 저는 학년으로는 2학년 차이가 납니다. 姉と私は学年で2学年の差があります。
☐ 찬물		☐ 冷たい水、冷や水 겨울에는 찬물이 아닌 뜨거운 차를 마십니다. 冬には冷たい水ではなく熱いお茶を飲みます。
☐ 참		☐ ①本当 ②本当に、誠に、実に、とても 이 색동저고리 참 예쁘네요. この子供用チョゴリ、本当にきれいですね。
☐ 창문 窓門		☐ 窓 창문 좀 열어 주세요. 窓をちょっと開けてください。
☐ 찾아가다 [차자-]		☐ ①会いに行く、訪ねて行く ②受け取って行く、(お金を)おろしに行く 마르코는 이탈리아에 있는 어머니를 찾아갔습니다. マルコはイタリアにいる母を訪ねて行きました。
☐ 찾아오다 [차자-]		☐ ①会いに来る、訪ねて来る ②取り返して来る、(お金を)おろして来る 은행에서 천만 원을 찾아왔습니다. 銀行で1千万ウォンをおろして来ました。
☐ 책방 冊房[-빵]		☐ 本屋、書店 이 건물 5층에 책방이 있습니다. この建物の5階に書店があります。

🔊 H4_27.mp3

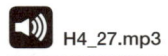

語彙		意味
漢字・発音	活用	例文

ㅊ

□ 초①		□ ~秒
秒		걸어서 30초면 강남역이네요. 歩いて30秒あれば江南駅ですね。
□ 초~/~초②		□ ①初~　②~初め、~初期
初		내일부터 주말까지 초겨울의 따뜻한 날씨가 이어지겠습니다. 明日から週末まで初冬の暖かい天気（小春日和）が続くでしょう。
□ 출구		□ 出口
出口		역에 도착하면 서쪽 출구 말고 북쪽 출구로 나오세요. 駅に着いたら西口ではなく北口に出て来てください。
□ 출발(하, 되)		□ 出発
出発		아직 갈 길이 머니까 이제 출발하도록 합시다 まだ先は長いので、もう出発することにしましょう。
□ 출신		□ 出身、~生まれ
出身		어느 나라 출신이세요? どこの国のご出身ですか？
□ 치다		□ ①打つ、殴る、叩く　②(楽器などを)鳴らす、打つ、弾く 　③(餅を)つく　④(球などを)打つ、つく
		피아노를 치는 남자는 멋있어요. ピアノを弾く男性は素敵です。

ㅋ

□ 켜다		□ ①(火・電気製品を)つける　②(弦楽器などを)弾く
		좀 어둡네요. 불을 켜 주세요. ちょっと暗いですね。明かりをつけてください。

ㅌ

□ 통하다		□ ①通じる　②知られる
通-		처음 만났을 때부터 우리는 마음이 통했어요. 最初に会ったときから私たちは心が通じました。
□ 틀리다		□ 違う、間違える、誤る、合わない
		첫 번째 답부터 틀려 버렸어요. 最初の答えから間違えてしまいました。

ㅍ

□ 페이지		□ ①ページ　②~ページ
		교과서 23페이지를 펴 보세요. 教科書23ページを開いてみてください。
□ 펴다		□ ①広げる、開く　②伸ばす　③敷く
		등과 허리를 펴고 앉으면 더 편해요. 背中と腰を伸ばして座るともっと楽ですよ。
□ 편안하다		□ 無事だ、安らかだ
便安- [-~펴나나-]		휴일에는 집에서 쉬는 것이 가장 편안하죠. 休日は家で休むのが一番楽ですよね。

🔊 H4_28.mp3

語彙		意味
漢字・発音	活用	例文

ㅍ

☐ 편하다
便-
[- ~펴나 -]

☐ ①安らかだ、気楽だ、楽だ　②便利だ

그 사람과 같이 있으면 마음이 편해요.
その人と一緒にいると気持ちが安らぎます。

☐ 풀다
【ㄹ】

☐ ①解く、ほどく、解放する　②和らげる、ほぐす　③(鼻を)かむ

코는 여러 번 풀지 말고 한 번에 풀어야 합니다.
鼻は何度もかむのではなく、一度に（一気に）かまなくてはいけません。

☐ 피

☐ 血、血液

코피가 나와도 그렇게 걱정하지 않으셔도 됩니다.
鼻血が出てもそれほど心配なさらなくて大丈夫です。

☐ 피다

☐ ①咲く、開く　②生える　③(火が)起こる

꽃이 피면 봄이 왔다는 것을 느낍니다.
花が咲くと春が来たことを感じます。

☐ 피우다

☐ ①(タバコを)吸う　②(火を)起こす　③(花を)咲かせる

여기서 담배를 피우지 마십시오.
ここでタバコを吸わないでください。

☐ 필요(하)
必要 [피료]

☐ 必要

당신의 힘이 필요해요.
君の力が必要です。

ㅎ

☐ 하늘

☐ 天、空

작년에 아버지가 하늘나라로 가셨습니다.
昨年、父が天国に行かれました。

☐ 하루

☐ 一日

하루 만에 그 소설을 다 읽었어요.
一日でその小説を全部読みました。

☐ 학기
学期 [- 끼]

☐ ①学期　②~学期

신학기에는 새로운 마음으로 학교 생활을 합시다.
新学期には新しい気持ちで学校生活を送りましょう。

☐ 학년
学年 [항 -]

☐ ①学年　②~年生

아드님은 올해 몇 학년이 됐습니까?
息子さんは今年何年生になりましたか？

☐ 한자
漢字 [- 짜]

☐ 漢字

한자어가 고유어보다 외우기가 쉬워요.
漢字語が固有語より覚えるのが易しいです。

☐ 함께

☐ ①一緒に、共に　②同時に

시장님께서는 시민들과 함께 청소 활동을 하십니다.
市長は市民と共に清掃活動をなさいます。

🔊 H4_29.mp3

語彙		意味
漢字・発音	活用	例文

□ 해		□ ①太陽　②年、1年　③〜年
		후지산에서 본 아침 해가 아주 아름다웠어요. 富士山から見た朝日がとても美しかったです。

□ 〜행		□ 〜行き
行		제주도행 비행기 티켓은 아직 남아 있어요? 済州島行き飛行機のチケットはまだ残っていますか？

□ 형제		□ 兄弟
兄弟		형제가 몇 명이에요? 兄弟は何人ですか？

□ 혹시		□ 万一、もしも、ひょっとして
或是 [-씨]		혹시 내일 시간이 있으면 같이 영화 보러 안 갈래요? もし明日時間があったら一緒に映画見に行きませんか？

□ 혼자		□ 1人、単独で
		주말에는 거의 집에 혼자 있어요. 週末にはほとんど家に1人でいます。

□ 회①		□ 〜回
回		제3회 민속놀이 축제가 열렸습니다. 第3回民族芸能祭りが開かれました。

□ 〜회②		□ 〜会
会		올해도 호텔에서 망년회를 열 계획입니다. 今年もホテルで忘年会を開く計画です。

□ 횟수		□ 回数
回数 [회쑤/횓쑤]		사고 횟수는 10년 전보다 확실히 늘고 있습니다. 事故の回数は10年前より確実に増えています。

□ 후		□ 後、のち
後		이 약은 꼭 식후에 먹어요. この薬は必ず食後に飲みます。

□ 흐르다		□ ①流れる　②傾く、偏る
	【르】	나도 모르게 눈물이 흘렀어요. 思わず涙が流れました。

□ 흐리다		□ ①濁る、曇っている　②濁らす、ぼかす
		내일은 흐린 날씨가 이어질 것으로 예상됩니다. 明日は曇りの天気が続くものと予想されます。

□ 희다		□ 白い
[히-]		아버지의 흰머리가 갑자기 늘었습니다. 父の白髪が突然増えました。

語　彙		意　味
漢字・発音	活　用	例　文
□ 힘		□ 力
		용기를 잃지 말고 힘을 내세요. 勇気を失わずに頑張ってください。
□ 힘들다		□ 骨が折れる、大変だ
	【ㄹ】	살아가는 것은 정말 힘든 일입니다. 生きていくことは本当に大変なことです。

改訂版 はじめてのハングル能力検定試験4級
PC:7014048